AF286912

SPRACHSCHÄTZE

Körper & Gesundheit

Duden

SPRACH-

Körper & Gesundheit

SCHÄTZE

DIE VERBORGENE HERKUNFT UNSERER WÖRTER

Dudenverlag
Berlin

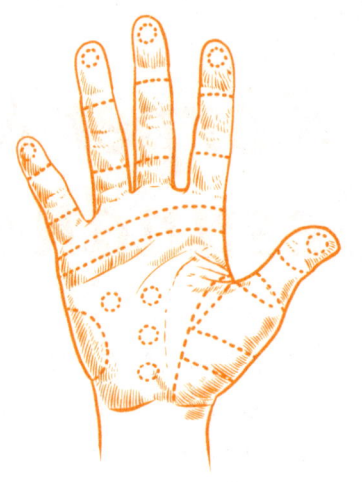

Vorwort

Wie ein versunkener Schatz enthält die deutsche Sprache verborgene Inhalte, die es zu heben lohnt. Denn wenn man die einzelnen Wörter genauer betrachtet, kommt oft überraschendes Wissen zum Vorschein. So erzählen die ursprünglichen Bedeutungen unserer Wörter viel über die Lebensweise und das Denken der Menschen vor unserer Zeit.

Zudem zeigt sich, dass die deutsche Sprache in enger Verbindung mit vielen anderen Sprachen steht, die um uns herum gesprochen werden. Einzelne Wörter haben Verwandtschaft zum Niederländischen, Englischen, Schwedischen und sogar Indischen. Sie sind beeinflusst vom Lateinischen, Griechischen, Italienischen und Französischen.

Spannend ist auch, auf welche Art die Wörter ins Deutsche gekommen sind. Viele unserer Wörter sind sogenannte Lehnwörter, die wir aus anderen Sprachen übernommen und so stark an das Deutsche angepasst haben, dass wir sie nicht mehr als fremde Wörter erkennen (zum Beispiel *Mauer* von lateinisch *murus*). Geradezu drollig ist die Entstehung volksetymologischer Wörter, die bei der Übernahme in unsere Sprache nicht richtig verstanden worden sind – und dann an ein ähnlich klingendes deutsches Wort (das aber eine ganz andere Bedeutung hat) angelehnt wurden; so hat der *Rosenmontag* nichts mit Blumen zu tun, aber sehr wohl mit *rasen* bzw. *toben, tollen, ausgelassen sein*. Bei lautmalenden Wörtern wurde versucht, ein natürliches Geräusch durch Sprache zu imitieren (typisches Beispiel ist der *Kuckuck*).

Es gibt also viel zu entdecken. Lassen Sie sich überraschen!
Ihre Dudenredaktion

Abstinenz ....

»Enthaltsamkeit (besonders vom Alkoholgenuss)«: Das bereits seit mittelhochdeutscher Zeit (mittelhochdeutsch *abstinenz* »Mäßigung im Essen und Trinken«) gebräuchliche Substantiv ist zunächst als kirchlicher und medizinischer Fachausdruck aus lateinisch *abs-tinentia* entlehnt. Das lateinische Wort gehört zu lateinisch *abs-tinere* »fernhalten; fasten lassen; enthaltsam sein«. Auf das Partizip Präsens *abs-tinens* (Genitiv *abs-tinentis*) geht das seit dem frühen 16. Jahrhundert bezeugte Adjektiv **abstinent** »enthaltsam« zurück. Die Einengung auf »enthaltsam im Alkoholgenuss« erfolgte im 19. Jahrhundert eventuell unter dem Einfluss von englisch *(total) abstinence* und *abstinent*. Heute ist es allgemein üblich auch in Bezug auf Sexualität und Genussmittel aller Art.

Achillesferse ....

»wunder Punkt, schwache Seite«: Seit Anfang des 19. Jahrhunderts belegt, bezieht sich der Ausdruck auf ein altgriechisches

Sagenmotiv, das in ähnlicher Form auch in der Siegfriedsage wiederkehrt. Der altgriechische Held Achill hatte nur eine verwundbare Stelle an seinem Körper: seine Ferse. Seine Mutter hatte ihn an dieser Stelle festgehalten, als sie ihn durch Eintauchen in das Wasser des Styx unverwundbar machen wollte. Ein Pfeilschuss in die Ferse soll ihn getötet haben.

Achsel

»Schulter, Achselhöhle«: Die Körperteilbezeichnung mittelhochdeutsch *ahsel*, althochdeutsch *ahsla*, niederländisch *oksel*, altenglisch *eaxl*, schwedisch *axel* beruht mit dem Wort *Achse* auf einer alten indogermanischen Bildung zu der Wurzel *aĝ-* »treiben, mit geschwungenen Armen bewegen«. Die Achsel ist demnach der Körperteil, dem als Drehpunkt die beweglichen Arme ansitzen. Eng verwandt ist lateinisch *ala* »Achsel; Flügel« (aus *ags-la*, vergleiche hierzu die Verkleinerungsbildung *axilla* »Achselhöhle; kleiner Flügel«).

Adamsapfel

Die seit dem 18. Jahrhundert bezeugte volkstümliche Bezeichnung *Adamsapfel* für den vorstehenden Schildknorpel beim Mann beruht auf der bei vielen europäischen Völkern weitverbreiteten Vorstellung, dass Adam ein Stück des verbotenen Apfels, den Eva ihm im Paradies reichte, als Zeichen der Sünde im Halse stecken geblieben sei. In der arabischen medizinischen Literatur wurde der Schildknorpel als »Granatapfel«, in lateinischer Übersetzung als *pomum granatum* bezeichnet. Auf dem Weg der Lehnübersetzung wurde dies in vielen europäischen Sprachen nachgeahmt, zum Beispiel englisch *Adam's apple*, schwedisch *adamsäpple*, französisch *pomme d'Adam* oder tschechisch *adamowo jablko*. *Pomum granatum* führte man in der frühen Neuzeit auf hebräisch *tappūaḥ ḫa āḏām*, eigentlich »Erhöhung beim Mann«, zurück, das umgedeutet wurde, weil *tappūaḥ* zugleich das Wort für den Apfel ist und *āḏām* »Mann, Mensch« zum Eigennamen des ersten Mannes wurde. Bei der Ausschmückung der biblischen Geschichte und der Umdeutung von *Granatapfel* zu *Adamsapfel* spielt vermutlich auch der Apfel als Liebessymbol hinein. Im älteren Hebräischen ist der Ausdruck aber nicht bezeugt. So bleibt unklar, ob die Bezeichnung der Ausgangspunkt für die Legende oder die Legende der Ausgangspunkt für die Bezeichnung war. Das Wort selbst ist bereits seit dem 14. Jahrhundert in der Bedeutung »Apfel des Adamsbaumes« bezeugt.

Ader

Das im heutigen Sprachgebrauch im Sinne von »Blutgefäß« verwendete Substantiv bezeichnete früher alle den Körper durchziehenden Bänder, Gefäße, Sehnen, Muskeln und auch Eingeweide. Daraus entwickeln sich im übertragenen Sinne Wörter wie *Bogensehne, Gesteinsader, Wasserader*. Die heute übliche Bedeutung setzte sich erst in neuhochdeutscher Zeit im Zuge einer genaueren Abgrenzung der Bedeutungen von *Ader, Nerv* und *Sehne* durch. Mittelhochdeutsch *āder*, althochdeutsch *ādra* »Blutgefäß; Sehne; Nerv; Muskel«, Plural auch »Eingeweide«, niederländisch *ader* »Ader«, altenglisch *ǣdre* »Ader«, Plural auch »Nieren«, schwedisch *åder* »Ader« sind verwandt mit griechisch *ḗtor* »Herz«, *ḗtron* »Unterleib« und beruhen auf einer alten Bezeichnung für Eingeweide.

Akupunktur

Die Bezeichnung für die aus Asien stammende Heilbehandlung durch Einstiche mit feinen Nadeln in bestimmte Körperstellen

erscheint in Europa zuerst Ende des 18. Jahrhunderts und gehört zu lateinisch *acus* »Nadel« (vergleiche *Ecke*) und lateinisch
punctura »das Stechen; Stich« (vergleiche *Punkt*).

akut ....

»heftig, dringend; unvermittelt auftretend (von Krankheiten)«:
Das zuerst im 16. Jahrhundert und seit Ende des 18. Jahrhunderts kontinuierlich belegte Adjektiv ist ein altes medizinisches
Fachwort (Gegensatz: ☞ chronisch). Es wurde als solches aus
lateinisch *acutus* entlehnt, das eigentlich »geschärft, scharf,
spitz« bedeutet. Das lateinische Wort wurde von altrömischen
Ärzten in einem speziell medizinischen Sinne zur Charakteri-
sierung von unvermittelt auftretenden Krankheiten gebraucht,
die einen kurzen und heftigen Verlauf haben (lateinisch *morbus
acutus*, im Gegensatz zu *morbus longus* bzw. *morbus vetustus*).

Allergie ....

»Überempfindlichkeit (als krankhafte Reaktion des Körpers auf
körperfremde Stoffe)«: Der medizinische Fachausdruck ist eine
gelehrte Neubildung des frühen 20. Jahrhunderts zu griechisch
állos »anderer« und griechisch *érgon* »Werk; Ding, Sache« (vergleiche *Energie*), also etwa im Sinne von »Fremdeinwirkung« zu
verstehen. Das Wort lehnt sich auch formal an *Energie* an.

alt ....

Das gemeingermanische Adjektiv mittelhochdeutsch, althochdeutsch *alt*, gotisch (weitergebildet) *alþeis*, englisch *old*, schwedisch (Komparativ) *äldre* bedeutet eigentlich »aufgewachsen«
und ist das Partizip Perfekt zu einem im Deutschen untergegangenen Verb mit der Bedeutung »wachsen; wachsen machen,
aufziehen, ernähren«: gotisch *alan* »wachsen«, altenglisch *alan*

»nähren«, altisländisch *ala* »nähren, hervorbringen«. Außergermanisch entspricht zum Beispiel lateinisch *altus* »hoch«, das eigentlich das Partizip Perfekt von lateinisch *alere* »nähren, großziehen« ist und ursprünglich »groß gewachsen« bedeutete.

ambulant

»nicht stationär; nicht ortsgebunden«: Fügungen wie *ambulantes Gewerbe* und *ambulante Behandlung* (Gegensatz: *stationäre Behandlung*) weisen dieses Lehnwort zwei Bereichen zu, dem medizinischen und (heute vereinzelt) dem kaufmännischen. Das Wort wurde im 18. Jahrhundert aus französisch *ambulant* entlehnt. Dies geht zurück auf lateinisch *ambulans (ambulantis)* »herumgehend«, zu *ambulare* »herumgehen«, das wahrscheinlich mit griechisch *alāsthai* »umherirren« und *alýein* »außer sich sein, umherirren« (☞ Halluzination, halluzinieren) unter einer indogermanischen Wurzel **al* »planlos umherirren« zu vereinigen ist. ♦ Dazu das seit dem 19. Jahrhundert nachgewiesene Substantiv **Ambulanz** »bewegliches Feldlazarett«, das aus französisch *ambulance* entlehnt ist.

amputieren

»einen Körperteil operativ abtrennen« (Medizin): Das Wort wurde bereits im 17. Jahrhundert in der Bedeutung »abhauen, wegschneiden« aus gleichbedeutend lateinisch *am-putare*, das eine Bildung zu lateinisch *putare* »schneiden; reinigen, ordnen usw.« ist, entlehnt. Seit Ende des 18. Jahrhunderts wird es als medizinischer Fachausdruck im heutigen Sinne verwendet.

Anästhesie

»künstliche Schmerzbetäubung; Schmerzunempfindlichkeit«: Der medizinische Fachausdruck ist eine gelehrte Entlehnung des 19. Jahrhunderts aus griechisch *an-aisthēsía* »Gefühlslosigkeit, Unempfindlichkeit«. Dies ist eine Bildung aus griechisch *a-* »un-« und griechisch *aisthánesthai* »fühlen, empfinden; wahrnehmen«.

Anatomie ....

Die medizinische Bezeichnung für »Lehre vom Körperbau der Lebewesen« wurde im 15. Jahrhundert aus gleichbedeutend griechisch-spätlateinisch *anatomía* entlehnt, das seinerseits zu griechisch *ana-témnein* »aufschneiden, sezieren« gehört, einer Bildung aus griechisch *aná* »auf« und griechisch *témnein* »schneiden, zerteilen« (vergleiche *Atom*).

Angina ....

»Rachen-, Mandelentzündung«: Die Krankheitsbezeichnung ist im 16. Jahrhundert aus gleichbedeutend lateinisch *angina* entlehnt. Das lateinische Wort selbst beruht auf griechisch *agchónē* »erwürgen, erdrosseln«, das bei der Entlehnung dem etymologisch verwandten Verb lateinisch *angere* »beengen, würgen« lautlich angeglichen wurde. Die Bezeichnung der Krankheit bezieht sich also auf die für die Angina charakteristische »Verengung« der Kehle (mit Schluckbeschwerden).

Aorta ....

Die medizinische Bezeichnung der Hauptkörperschlagader wurde schon im 16. Jahrhundert entlehnt und geht zurück auf gleichbedeutend mittellateinisch *aorta*, griechisch *aortḗ*. Das griechische Substantiv gehört zu griechisch *aeírein* »zusammen-, anbinden« und bedeutet demnach ursprünglich »das Anbinden, Anhängen«, dann im konkreten Sinne »angebundener, angehängter Gegenstand; Anhängsel«. Die Aorta ist also danach benannt, dass sie gleichsam am Herzbeutel wie ein Schlauch angebunden oder angehängt ist.

Apathie ....

Griechisch *a-pátheia* »Schmerzlosigkeit, Unempfindlichkeit« (zu *a-, A-* »un-« und griechisch *páthos* »Schmerz«) gelangte als zentraler Begriff stoischer Philosophie (»völlige Absage an Lust und Unlust«) über entsprechend lateinisch *apathia* im 18. Jahrhundert ins Deutsche. Mit dem Beginn des 19. Jahrhunderts wurde das Wort (wohl nach gleichbedeutend französisch *apathie*) in die medizinische Fachsprache zur Bezeichnung des Krankheitsbildes der geistigen Erschöpfung und völligen Teilnahmslosigkeit übernommen. Daran schließt sich im gleichen Sinne das abgeleitete Adjektiv **apathisch** »teilnahmslos, geistig erschöpft« an (Anfang 19. Jahrhundert).

Apotheke ....

Grundwort dieses seit dem Mittelalter bezeugten Lehnwortes (mittelhochdeutsch *apotēke*) ist das Substantiv *Theke* = griechische *thēkē* »Behältnis«, das in Verbindung mit dem Präfix *apo-, Apo-* (griechisch *apothēkē*) einen Ort bezeichnet, an dem man etwas abstellen und aufbewahren kann, also einen »Abstellraum, eine Vorratskammer, ein Magazin«. Deutlicher wird dies noch in dem daraus entlehnten lateinischen Substantiv *apotheca* und in den hieraus hervorgegangenen romanischen Wörtern spanisch *bodega*, französisch *boutique*. So bezeichnete denn auch *Apotheke* ursprünglich einen Vorratsraum, speziell den in alten Klöstern zur Versorgung der Kranken angelegten Raum für Heilkräuter. Entsprechend war der **Apotheker** ursprünglich der Lagerdiener oder Lagerverwalter (mittelhochdeutsch *apotēker* ◄ lateinisch-mittellateinisch *apothecarius*).

♦ Interessant ist, dass diese Bezeichnungen im Französischen nicht gelten. Vielmehr stehen dort *pharmacie* für »Apotheke« und *pharmacien* für »Apotheker«. Diese entsprechen unseren rein wissenschaftlichen Fachwörtern ☞ Pharmazie, Pharmazeut, pharmazeutisch.

Arm

Die gemeingermanische Körperteilbezeichnung mittelhochdeutsch, althochdeutsch *arm*, gotisch *arms*, englisch *arm*, schwedisch *arm* beruht mit verwandten Wörtern in anderen indogermanischen Sprachen auf einer Bildung zu der indogermanischen Wurzel **arə-* »fügen, zupassen«, vergleiche zum Beispiel lateinisch *armus* »Oberarm, Schulterblatt; Vorderbug bei Tieren« und altindisch *īrmá-* »Arm; Vorderbug bei Tieren«. Die Bedeutung »Arm« hat sich demnach aus »Fügung, Gelenk, Glied« entwickelt.

> **Arm ¶ jemandem (mit etwas) unter die Arme greifen** »jemandem in einer Notlage (mit etwas) helfen« ♦ In dieser Wendung ist das Bild von der Hilfeleistung noch recht deutlich erhalten. Man greift einem Menschen, der zu stürzen oder zusammenzubrechen droht, unter die Arme und fängt ihn auf. Auch verletzte Personen birgt man, indem man ihnen unter die Arme greift.

Arsch

(derb für:) »Gesäß«: Das gemeingermanische Substantiv mittelhochdeutsch, althochdeutsch *ars*, niederländisch *aars*, englisch *arse*, schwedisch *ars* beruht mit verwandten Wörtern in anderen indogermanischen Sprachen auf indogermanisch **orso-s*

»Hinterer« (eigentlich wohl »Erhebung, hervorragender Körperteil«), vergleiche zum Beispiel hethitisch *arraš* »Hinterer« und griechisch *órros* »Hinterer«. Es war zunächst die übliche Körperteilbezeichnung ohne negativen Beiklang.

Arznei ....

Zu dem Lehnwort althochdeutsch *arzāt* (vergleiche ☞ Arzt) gehören althochdeutsch *gi-arzātōn* »ärztlich behandeln« und mittelhochdeutsch *arzātīe* »Heilmittel, Heilkunst«. Das von dem Lehnwort abgeleitete Verb geriet unter den Einfluss des heimischen Verbs für »heilen«: althochdeutsch *lāchinōn*. Daraus entstanden die althochdeutschen Formen *gi-arzinōn, erzinōn*, mittelhochdeutsch *erzenen* »heilen«. In Analogie hierzu wurde mittelhochdeutsch *arzātīe* von *arzenīe, erzenīe* abgelöst, woraus frühneuhochdeutsch *arz(e)nei* wurde.

Arzt ....

Das Substantiv wurde bereits im 9. Jahrhundert als althochdeutsch *arzāt* (mittelhochdeutsch *arzet, arzāt*) aus spätlateinisch *archiater*, griechisch ◄ *arch-í ātros* »Oberarzt« entlehnt. Es war Titel der Hofärzte antiker Fürsten, anfänglich bei den Seleukiden in Antiochia. Mit den römischen Ärzten kam es zu den fränkischen Merowingern. Von den Königshöfen ging der Titel auf die Leibärzte geistlicher und weltlicher Persönlichkeiten über und wurde schon in althochdeutscher Zeit allgemeine Berufsbezeichnung. Dadurch wurde die germanische Bezeichnung des Heilkundigen verdrängt: althochdeutsch *lāchi*, gotisch *lēkeis*, eigentlich »Besprecher« (siehe dazu auch althochdeutsch *lāchinōn* unter ☞ Arznei). Volkstümlich ist das Wort *Arzt* nicht geworden, wohl aber das im 15. Jahrhundert entlehnte ☞ Doktor.

Atem

Das westgermanische Wort mittelhochdeutsch *ātem*, althochdeutsch *ātum*, niederländisch *adem*, altenglisch *ǣđm* ist verwandt mit altindisch *ātmán* »Hauch; Seele«. Die weiteren Beziehungen sind unklar. ♦ Die Nebenform (mit mundartlicher Lautung) **Odem,** die durch MARTIN LUTHERS Bibelübersetzung Verbreitung fand, ist nur im religiösen Bereich üblich.

Äther

»strahlender, blauer Himmel; farblose, als Narkose- und Lösungsmittel verwendete Flüssigkeit«: Nach altgriechischer Vorstellung bestand der Luftraum über der Erde aus zwei verschiedenen Luftzonen, aus einer unteren, niederen Schicht, die durch neblig-wolkige und dicke Luft gekennzeichnet ist (griechisch *āér*, vergleiche *aero-*, *Aero-*), und aus einer himmelsfernen, äußerst feinen und klaren Luftzone, die zugleich als Wohnsitz der unsterblichen Götter galt. Diese Letztere heißt nach dem in südlichen Gegenden besonders hell und strahlend erscheinenden Firmament, mit dem sie gleichgesetzt wird, griechisch *aithḗr* (eigentlich »das Brennende, Glühende, Leuchtende«). Über lateinisch *aether* zu Beginn des 14. Jahrhunderts ins Deutsche entlehnt, wurde dieses Wort seit dem frühen 18. Jahrhundert oft poetisch als Synonym für »Sternenhimmel, Firmament« gebraucht. In etwas willkürlicher Übertragung benennt man damit auch seit Anfang des 19. Jahrhunderts ein »leicht flüchtiges« Betäubungsmittel.

Auge

Das gemeingermanische Substantiv mittelhochdeutsch *ouge*, althochdeutsch *ouga*, gotisch *augō*, englisch *eye*, schwedisch *öga* gehört mit verwandten Wörtern in den meisten anderen indogermanischen Sprachen zu der indogermanischen Wurzel *oku̯- »sehen; Auge«, vergleiche dazu auch russisch *oko* »Auge«, lateinisch *oculus* »Auge« und griechisch *ópsesthai* »sehen werden«, *ómma* »Auge«, *optikós* »zum Sehen gehörig«. Falls die indogermanische Wurzel ursprünglich verbal war und »sehen« bedeutete, ist das Auge als »Seher« benannt worden.

Ayurveda

»Sammlung der wichtigsten Lehrbücher der altindischen Medizin; Körperpflege und Gesundheitsvorsorge nach den Prinzipien der altindischen Medizin«: Das Wort wurde in der 2. Hälfte des 20. Jahrhunderts aus sanskritisch *āyurveda* »Heilkunst« (zu *āyu* »Leben[szeit]« und *véda* »Wissen« = »Wissen von der Verlängerung der Lebenszeit«) übernommen.

Bad

Das gemeingermanische Substantiv mittelhochdeutsch *bat*, althochdeutsch *bad*, niederländisch *bad*, englisch *bath*, schwedisch *bad* gehört zur Wortgruppe von *bähen* »feucht erhitzen«. In Ortsnamen wie *Baden*, *Wiesbaden* steht der alte Dativ des Plurals »zu den Bädern«. ♦ Ableitung: **baden** (mittelhochdeutsch *baden*, althochdeutsch *badōn*, niederländisch *baden*, englisch *to bathe*, schwedisch *bada*), dazu: **Bader** veraltet für: »Barbier, Heilgehilfe« (mittelhochdeutsch *badære* bezeichnet den Inhaber einer Badestube, der auch zur Ader ließ, Schröpfköpfe setzte und die Haare schnitt).

Bahre

Das westgermanische Wort mittelhochdeutsch *bāre*, althochdeutsch *bāra*, niederländisch *baar*, englisch *bier* gehört zu dem im Neuhochdeutschen untergegangenen gemeingermanischen Verb althochdeutsch *beran* »tragen«. (vergleiche ☞ gebären). Es bedeutet also eigentlich »das, womit getragen wird«.

18

Balsam ....

»Linderung(smittel), Labsal«: Mittelhochdeutsch *balsam(e)*, *balsem*, althochdeutsch *balsamo* sind aus lateinisch *balsamum* »Balsamstrauch (bzw. der aus ihm gewonnene heilende, harzige Saft)« entlehnt. Das lateinische Wort geht auf griechisch *bálsamon*, hebräisch *bāsām*, arabisch *bašām* »Balsamstaude; Wohlgeruch« zurück. Unmittelbar verwandt ist *Bisam*.

Bauch ....

Die gemeingermanische Körperteilbezeichnung mittelhochdeutsch *būch*, althochdeutsch *būh*, niederländisch *buik*, altenglisch *būc*, schwedisch *buk* gehört vermutlich im Sinne von »Geschwollener« zu der unter ☞ Beule dargestellten indogermanischen Wortgruppe.

Bäuerchen ....

Der familiäre Ausdruck, der vor allem in der Wendung »ein Bäuerchen machen« vorkommt und das Aufstoßen von Säuglingen nach der Nahrungsaufnahme bezeichnet, wird als eine Verkleinerungsform zu *Bauer* aufgefasst und bedeutet dann »kleiner Bauer«. Es handelt sich ursprünglich nur um eine lautnachahmende Bildung; sekundär ist damit bäurisches, ungehobeltes Verhalten in Form von unkontrolliertem Rülpsen verbunden worden.

Bein ....

Die Herkunft des gemeingermanischen Wortes für »Knochen« (mittelhochdeutsch, althochdeutsch *bein*, niederländisch *been*, englisch *bone*, schwedisch *ben*) ist unsicher. ♦ In Wendungen wie *durch Mark und Bein*, *Stein und Bein* ist die alte Bedeutung »Knochen« erhalten, ebenso in vielen, besonders anatomischen

Zusammensetzungen, zum Beispiel Nasen-, Hüft-, Jochbein. Die jüngere Bedeutung »Ober- und Unterschenkel« ist schon althochdeutsch bezeugt. In einigen Dialekten, zum Beispiel im Schwäbischen, wird das Bein allerdings als *Fuß* bezeichnet, umgekehrt zum Beispiel im Ostmitteldeutschen der Fuß als *Bein*. ♦Ableitung: **Gebein** »Gesamtheit von Knochen« (mittelhochdeutsch *gebeine*, althochdeutsch *gibeini*).

> **Bein ❡ jemandem/sich etwas ans Bein binden** (umgangssprachlich) »jemandem, sich etwas aufbürden« ♦Diese Wendung nimmt darauf Bezug, dass dem Vieh auf nicht eingezäunter Weide die Vorderbeine zusammengebunden werden und ein Holzklotz an die Beine gebunden wird, um es in seiner Bewegungsfreiheit einzuschränken. Auch Gefangene schmiedete man früher an einen Klotz, um ihnen die Bewegungsfreiheit zu nehmen.

Beule

Das westgermanische Wort mittelhochdeutsch *biule*, althochdeutsch *būlla*, niederländisch *buil*, altenglisch *byle* bedeutete ursprünglich »Schwellung« und bezeichnete demzufolge zunächst eine durch Schlag, Stoß oder Entzündung erzeugte Schwellung. Übertragen wird das Substantiv im Deutschen auch im Sinne von »Schlagstelle im Metall, Delle« verwendet, vergleiche dazu auch die Verben *ausbeulen* und *verbeulen*. Im Ablaut zu dem westgermanischen Wort stehen isländisch *beyla* »Buckel, Höcker« und gotisch *ufbauljan* »aufblasen«. Die genannte germanische Wortgruppe gehört zu der vielfach weitergebildeten und erweiterten, ursprünglich lautnachahmenden indogermanischen Wurzel *bh(e)u-, *b(e)u- »(auf)blasen, schwellen«, zu der sich aus dem außergermanischen Sprachbereich zum Beispiel lateinisch *bucca* »aufgeblasene Backe« stellt (vergleiche dazu auch *Buckel*). Aus dem germanischen Sprachbereich gehören ferner zu dieser Wurzel *Beutel* »Säckchen«, *Pocke* »Blatter« und wahrscheinlich auch ☞ Bauch, *böse* (eigentlich »aufgeblasen«), *pusten*, *Bausch*, ☞ Busen und wohl auch *Busch*.

Blackout ....

Das Substantiv wurde in der 2. Hälfte des 20. Jahrhunderts aus dem Englischen übernommen, wo es zuerst in der Bedeutung »Verdunkelung, besonders als Maßnahme gegen Luftangriffe« (zu *black* »schwarz« und *out* »völlig, total«) gebräuchlich war. In der Luft- und Raumfahrttechnik steht der *Blackout* heute für »Unterbrechung des Funkkontaktes«; in der Theatersprache für »plötzliche Verdunkelung am Szenenschluss«. Das Bild der Verdunkelung dürfte wahrscheinlich auch entscheidend für die Übertragung auf den medizinischen Bereich gewesen sein, wo *Blackout* heute auch umgangssprachlich im Sinne einer »plötzlichen Bewusstseinsverminderung bzw. Erinnerungslücke« verwendet wird.

blind ....

Das gemeingermanische Adjektiv mittelhochdeutsch, althochdeutsch *blīnt*, gotisch *blinds*, englisch *blind*, schwedisch *blind* bedeutete ursprünglich wohl »undeutlich schimmernd, fahl« und gehört wahrscheinlich zu der vielfach weitergebildeten und erweiterten indogermanischen Wurzel *bhel- »schimmernd, leuchtend, glänzend«. Außergermanisch ist zum Beispiel auch die baltoslawische Wortgruppe von litauisch *blandùs* »unrein, trüb, düster« eng verwandt. ♦ Zu dem gemeingermanischen Adjektiv gehört das Faktitivum *blenden* (»blind machen«). Das Wort bedeutete anfänglich auch »versteckt, nicht zu sehen«. An diese Bedeutung schließt sich die Fügung *blinder Passagier* an. ♦ Zusammensetzungen: **Blinddarm** (frühneuhochdeutsche Lehnübersetzung für mittellateinisch *intestinum caecum*, wobei *blind* »ohne Öffnung« bedeutet, wie auch in *blinde Tasche, blinde Tür).*

blümerant ....

»schwindelig, flau, unwohl« (umgangssprachlich): Das seit dem 17. Jahrhundert bezeugte Wort wurde aus französisch *bleu mourant* »hinsterbendes (= blasses) Blau« entlehnt. Aus der Wendung *blümerant vor den Augen* (gemeint ist der schillernde Farbschleier, der sich bei Schwindelanfällen über die Augen legt) entwickelte sich die heutige Bedeutung.

Blut ....

Das gemeingermanische Substantiv mittelhochdeutsch, althochdeutsch *bluot*, gotisch *blōþ*, englisch *blood*, schwedisch *blod* gehört wahrscheinlich im Sinne von »Fließendes« zu der indogermanischen Wurzel *$bhel$- »schwellen, strotzen, aufblasen, quellen, sprudeln« und ersetzt als Tabuwort die indogermanischen Wörter für Blut (lateinisch *cruor, aser*). ♦ Nach altem Glauben ist das Blut der Sitz des Lebens, vergleiche zum Beispiel die Zusammensetzungen **Blutrache** (17. Jahrhundert) und **Blutschuld** (16. Jahrhundert), sowie Träger des Temperaments (zum Beispiel *heißes, kaltes Blut*) und der ethnischen Zugehörigkeit, so zum Beispiel die Zusammensetzung **blutsverwandt** (16. Jahrhundert), dazu **Blutsverwandtschaft**, ferner **Blutschande** (16. Jahrhundert).

Braue

Mittelhochdeutsch *brā* »Braue, Wimper«, althochdeutsch
brā(wa) »Braue, Wimper, Lid«, altsächsisch *brāha* »Braue« altenglisch *brǣw* »Braue, Augenlid«, altisländisch *brā* »Wimper«
hängen mit gotisch *brahva* in *in brahva augins* »im Augenblick«,
eigentlich »im Aufleuchten der Augen« zusammen. Verwandt
sind im germanischen Sprachbereich zum Beispiel mittelhochdeutsch *brehen* »plötzlich und stark aufleuchten, funkeln« und
altisländisch *braga* »glänzen, flimmern«. Die ursprüngliche
Bedeutung von *Braue* lässt sich nicht mit Sicherheit ermitteln,
weil bereits in den älteren Sprachstadien die Bedeutungen
»Braue« und »Lid (mit Wimpern)« nebeneinander hergehen.
Schon das Althochdeutsche unterschied darum die *ubarbrā*
»(obere) Braue« von der *unter-* oder *wintbrā* (☞ Wimper). Wahrscheinlich bezeichnete das Wort ursprünglich das Lid als »das
Zwinkernde, Blinzelnde«.

Brille

Für die Linsen der ersten um 1300 entwickelten Brillen nutzte
man geschliffene Berylle (mittelhochdeutsch *berille, barille*),
nachdem man deren optische Eigenschaft, Gegenstände stark
zu vergrößern, erkannt hatte. Danach bezeichnete man zunächst das einzelne Augenglas und später beide Augengläser

frühneuhochdeutsch *b(e)rille*. Das Wort wurde auch beibehalten, als man später dazu überging, die Linsen aus Bergkristall bzw. aus dem wesentlich billigeren Glas zu schleifen.

Brust

Mittelhochdeutsch, althochdeutsch *brust*, gotisch *brusts*, mit r-Umstellung niederländisch *borst* stehen im Ablaut zu gleichbedeutend englisch *breast*, schwedisch *bröst*. Diese germanischen Substantive sind eng verwandt mit mittelhochdeutsch *briustern* »aufschwellen«, altsächsisch *brustian* »knospen« und bezeichneten also ursprünglich die beiden weiblichen Brüste (als Schwellungen). Die gesamte germanische Wortgruppe gehört zu der Wurzelform **bhreus-* »schwellen, sprießen«, vergleiche aus anderen indogermanischen Sprachen zum Beispiel russisch *brjucho* »Unterleib, Wanst« und altirisch *brū* »Bauch«, *bruinne* »Brust«.

Busen

»weibliche Brust«: Das westgermanische Substantiv mittelhochdeutsch *buosem*, *buosen*, althochdeutsch *buosum*, niederländisch *boezem*, englisch *bosom* gehört wahrscheinlich zu der unter ☞ Beule dargestellten indogermanischen Wurzel **bh(e)u-* »(auf)blasen, schwellen«.

24

Chirurg

»Facharzt für Chirurgie«: Das Substantiv wurde bereits gegen Ende des 15. Jahrhunderts aus lateinisch *chirurgus* ◄ griechisch *cheirourgós* »Wundarzt« entlehnt. Das Wort bedeutet eigentlich »Handwerker« (zu griechisch *cheír* »Hand« und griechisch *érgon* »Tätigkeit, Werk«, vergleiche *Energie*) und bezeichnete demnach den mit den Händen arbeitenden Wundarzt. Entsprechend heißt die »Wundheilkunde« griechisch *cheirourgía* (► lateinisch *chirurgia*).

Chloroform

(Betäubungsmittel): Die im 19. Jahrhundert in Deutschland, den USA und Frankreich unabhängig voneinander entwickelte chemische Verbindung ist nach den Stoffen benannt, die bei der Erstherstellung eine entscheidende Rolle gespielt haben, nämlich Chlorkalk und Ameisensäure, deren wissenschaftlicher Name *acidum formicicum* ist. *Formicicus* ist eine neulateinische Ableitung von lateinisch *formica* »Ameise«.

Chromosom

(meist Plural): Die naturwissenschaftliche Bezeichnung für die das Erbgut tragenden Zellkernfäden ist eine gelehrte Neubildung des späten 19. Jahrhunderts zu griechisch *chrōma* »Farbe« und griechisch *sōma* »Körper«. Die wörtliche Bedeutung »Farbkörper« bezieht sich auf die Tatsache, dass die Chromosomen durch bestimmte Färbung sichtbar gemacht werden können.

chronisch

»langsam verlaufend; langwierig« (von Krankheiten), aber auch allgemein im Sinne von »gewohnheitsmäßig«: Das Adjektiv wurde im 16. Jahrhundert als medizinischer Fachbegriff aus lateinisch *(morbus) chronicus* »chronische Krankheit« entlehnt. Voraus liegt das von griechisch *chrónos* »Zeit« abgeleitete Wort griechisch *chronikós* »zeitlich (lang)«.

Daumen

Das gemeingermanische Substantiv mittelhochdeutsch *dūme*, althochdeutsch *dūmo*, niederländisch *duim*, englisch *thumb*, schwedisch *tumme* beruht auf einer Bildung zu der indogermanischen Verbalwurzel *$*tēu$-, $tŭ$-* »schwellen« und bedeutet demnach eigentlich »der Dicke, der Starke« (im Gegensatz zu den anderen Fingern).

Delirium

»Bewusstseinstrübung mit Wahnvorstellungen«: Das medizinische Fachwort wurde Ende des 16. Jahrhunderts aus lateinisch *delirium* »fieberbedingte Verwirrtheit, Irresein« entlehnt. Das zugrunde liegende Adjektiv lateinisch *delirus* »wahnsinnig« ist von *delirare* »wahnsinnig sein« abgeleitet, das sich aus der Fügung *de lira (ire)* »von der Furche (= geraden Linie) abweichen; den normalen Weg verlassen« entwickelt hat. Lateinisch *lira* »Furche« ist mit dem mittelhochdeutschen Wort *leis(e)* »Spur« urverwandt.

Dentist

»Zahnarzt«: Das Substantiv ist aus französisch *dentiste* entlehnt. Dieses ist zu lateinisch *dēns (dentis)* »Zahn« gebildet. Früher war *Dentist* die übliche Bezeichnung für einen »Zahnarzt ohne Hochschulbildung«. Vergleiche auch ☞ Zahn.

Diagnose

Das Substantiv bedeutet »(Krankheits)erkennung« und wurde im 18. Jahrhundert aus gleichbedeutend französisch *diagnose* entlehnt, das auf griechisch *diágnōsis* »unterscheidende Beurteilung, Erkenntnis« zurückgeht. Das zugrunde liegende Verb griechisch *dia-gi-gnóskein* »durch und durch erkennen, beurteilen« ist eine Bildung zu *gi-gnóskein* »erkennen«, das zu der indogermanischen Wortgruppe von *können* gehört. ♦ Die Bildung griechisch *pro-gi-gnóskein* »im Voraus erkennen« erscheint in *Prognose*. Von den zahlreichen zum Stamm von griechisch *gi-gnó-skein* gebildeten Substantiven ist griechisch *gnómōn* »Kenner, Beurteiler; Richtschnur« von besonderem Interesse, weil es vermutlich die Quelle für lateinisch *norma* »Richtschnur, Regel« ist (vergleiche *Norm*).

Diarrhö

Der medizinische Fachausdruck für »Durchfall« wurde im 18. Jahrhundert aus lateinisch *diarrhoea*, griechisch *diárrhoia* (eigentlich »Durchfluss«) entlehnt. Zugrunde liegt griechisch *dia-rrheīn* »(hin)durchfließen«, eine Bildung mit *dia-*, *Dia-* und griechisch *rheīn* (vergleiche *Rhythmus*).

Diät

Das Wort bezeichnet die »auf die Bedürfnisse eines Kranken, Übergewichtigen abgestimmte Ernährungsweise; Schonkost«

und wurde zu Beginn des 13. Jahrhunderts als medizinischer Terminus aus lateinisch *diaeta* »geregelte Lebensweise« entlehnt. Dies geht auf griechisch *díaita* (Grundbedeutung etwa »[Lebens]einteilung«) zurück.

Doktor

(ist der höchste akademische Grad, Abkürzung: Dr.; umgangssprachlich auch für »Arzt«): Das Substantiv wurde am Ende des 14. Jahrhunderts aus mittellateinisch *doctor* »Lehrer« – zu lateinisch *docere* »lehren« (vergleiche *dozieren*) – entlehnt. Die Bedeutung »Arzt« erscheint Mitte des 15. Jahrhunderts zur Unterscheidung des durch Hochschulstudium ausgebildeten vom ungelehrten Heilkundigen.

Dosis

»zugemessene (Arznei)gabe; kleine Menge«: Das Substantiv wurde als medizinischer Fachausdruck im 16. Jahrhundert aus griechisch-mittellateinisch *dósis* »Gabe« entlehnt. Das Verb **dosieren** »die gehörige Dosis zumessen« erscheint im 20. Jahrhundert durch Vermittlung von französisch *doser* (zu französisch *dose* ◄ mittellateinisch *dosis*).

Droge

Das Substantiv wurde gegen Ende des 16. Jahrhunderts in der Bedeutung »(tierischer oder pflanzlicher) Rohstoff« aus dem französischen Wort *drogue* entlehnt, das wahrscheinlich zu neuhochdeutsch *trocken* gehört, und zwar als Entlehnung aus dessen niederdeutscher Form *droge* oder niederländischer Form *droog* (etwa im Sinne von »Getrocknetes, Trockenware«). Ab dem 20. Jahrhunderts wird *Droge* im Deutschen auch im Sinne von »medizinisches Präparat« und »Rauschgift« gebraucht.

♦ Ableitung: **Drogerie** »Geschäft für nicht apothekenpflichtige Heilmittel, Kosmetika und Ähnliches«, älter »Heilmittel« (16. Jahrhundert; aus französisch *droguerie*).

Durst ....

Das gemeingermanische Substantiv mittelhochdeutsch, althochdeutsch *durst*, gotisch *þaúrstei*, englisch *thirst*, schwedisch *törst* gehört zu der Wortgruppe um *dürr* und bedeutete demnach ursprünglich »Trockenheit (in der Kehle)«. Es steht neben dem gemeingermanischen Verb **dürsten** (mittelhochdeutsch *dürsten*, *dursten*, althochdeutsch *dursten*, niederländisch *dorsten*, englisch *to thirst*, schwedisch *törsta*).

Eingeweide

Frühneuhochdeutsch, mittelhochdeutsch *ingeweide* steht verdeutlichend für mittelhochdeutsch *geweide*. Das ausschließlich auf das deutsche Sprachgebiet beschränkte Substantiv stammt wahrscheinlich aus der alten Jägersprache: Die Eingeweide des erlegten Wildes wurden den Jagdhunden als Belohnung zum Fraß vorgeworfen (vergleiche hierzu *Weide* »Speise«). Es vergleicht sich lateinisch *viscus* »Eingeweide«, wahrscheinlich im Sinne von »das Gewundene«.

Ekstase

Das Wort, das im Sinne von »höchste Begeisterung; (religiöse) Verzückung« gebräuchlich ist, ist im 16. Jahrhundert aus gleichbedeutend kirchenlateinisch *ecstasis* (◄ griechisch *ékstasis* »das Aus-sich-Heraustreten, Verzückung, die Begeisterung«) entlehnt. Zugehörig ist das Adjektiv **ekstatisch** »außer sich, verzückt, schwärmerisch« (18. Jahrhundert; nach griechisch *ekstatikós*).

Elixier

»Heiltrank, Lebenssaft«: Das Wort des Alchemistenlateins wurde im 13. Jahrhundert als *elixirium* aus arabisch (mit Artikel) *al-iksīr* »der Stein der Weisen« entlehnt. Das arabische Wort bedeutet eigentlich etwa »trockene Substanz mit magischen Eigenschaften«. Dies geht auf griechisch *xérion* »Trockenes (Heilmittel)« (zu griechisch *xērós* »trocken«) zurück.

Elle

Der Unterarm vom Ellbogen bis zur Mittelfingerspitze ist ein natürliches Längenmaß wie auch der Fuß. Als Maß- und Maßstock war das Wort (mittelhochdeutsch *elne, elle,* gotisch *aleina,* englisch *ell,* schwedisch *aln*) früher gebräuchlich, während es heute nur noch im Sinne von »Knochen des Unterarms« verwendet wird. Mit dem Wort urverwandt sind lateinisch *ulna,* griechisch *ōlénē* »Ellbogen«, altirisch *uile* »Winkel«, altindisch *aratní-* »Ellbogen«. Den Bildungen liegt die indogermanische Wurzel **el-, *elĕi-* »biegen« zugrunde. Der Unterarm ist also nach dem nächstliegenden Gelenk benannt.

Embryo

»im Anfangsstadium der Entwicklung befindlicher Keim; die noch ungeborene Leibesfrucht«: Der Fachausdruck ist eine gelehrte Entlehnung neuhochdeutscher Zeit aus griechisch *émbryon* ▸ lateinisch *embryo* »Neugeborenes (Lamm); ungeborene Leibesfrucht« (zu griechisch *en* »in; darin« und griechisch *brýein* »sprossen, treiben«).

Epidemie

»ansteckende Massenerkrankung, Seuche«: Die Bezeichnung mittellateinisch *epidimia, epidemia* für *Plage* und *Seuche* ist bereits im 15. Jahrhundert in deutschen medizinischen Texten belegt. Im 18. Jahrhundert wird es eingedeutscht. Voraus liegt griechisch *epidēmíā nósos* »im ganzen Volk verbreitete Krankheit«. Über das Grundwort griechisch *dēmos* »Gebiet; Volk« vergleiche *demo-, Demo-*.

Epilepsie ....

»Fallsucht (mit meist plötzlich einsetzenden Krampfanfällen)«: Die Epilepsie gehört – wie Cholera und Diarrhö – zu den schon den altgriechischen Ärzten bekannten und von ihnen benannten Krankheiten. Griechisch *epilēpsíā* »Anfassen; Anfall« erscheint, vermittelt durch lateinisch *epilepsia*, vereinzelt auch in deutschen Texten seit der Mitte des 14. Jahrhunderts; zahlreich verwendet wird es seit dem 18. Jahrhundert. Zugrunde liegt das griechische Verb *epi-lambánein* »anfassen, befallen«.

fasten

Das gemeingermanische Verb mittelhochdeutsch *vasten*, althochdeutsch *fastēn*, gotisch *(ga)fastan*, englisch *to fast*, schwedisch *fasta* ist vermutlich abgeleitet von dem Adjektiv *fest* und bedeutete im Gotischen zunächst »(fest)halten, beobachten, bewachen«. Wahrscheinlich ist der wichtige christliche Begriff der Enthaltsamkeit zuerst von der ostgotischen Kirche in dieses Wort gelegt worden (zuerst im Sinne von »an den [Fasten]geboten festhalten«) und hat sich von da schon im 5. Jahrhundert zu den anderen germanischen Stämmen und den Slawen (altslawisch *postiti* »fasten«) ausgebreitet. Vergleiche auch *Fasching* und *Fastnacht*.

Faust

Das nur im Westgermanischen bezeugte Substantiv mittelhochdeutsch *vust*, althochdeutsch *fūst*, niederländisch *vuist*, englisch *fist* ist verwandt mit der slawischen Wortgruppe um russisch *pjast'* »flache Hand«, älter »Faust«. Die Wörter gehören wahrscheinlich zu dem Zahlwort *fünf* und bedeuten eigentlich »Fünfzahl der Finger«.

> **Faust ❡ passen wie die Faust aufs Auge**
> 1. »überhaupt nicht passen«
> 2. »sehr gut, ganz genau passen« ♦ Mit dem Vergleich wurde zunächst ausgedrückt, dass etwas überhaupt nicht zu etwas passt. Faust und Auge passen nicht zusammen, weil es höchst unangenehm ist, einen Faustschlag aufs Auge zu bekommen. Durch häufigen ironischen Gebrauch entwickelte sich die gegenteilige Bedeutung.

Finger

Die gemeingermanische Körperteilbezeichnung mittelhochdeutsch *vinger*, althochdeutsch *fingar*, gotisch *figgrs*, englisch *finger*, schwedisch *finger* gehört – wie auch das unter ☞ Faust dargestellte Substantiv – zum Zahlwort *fünf* und bezeichnete demnach ursprünglich die Gesamtheit der Finger an einer Hand und später dann den einzelnen Finger. Auch die einzelnen Finger selbst hatten schon früh bestimmte Bezeichnungen. Im Neuhochdeutschen gelten neben ☞ Daumen **Zeigefinger** (15. Jahrhundert), **Ringfinger** (16. Jahrhundert) beziehungsweise **Goldfinger** (mittelhochdeutsch, spätalthochdeutsch *goltvinger*), **Mittelfinger** (mittelhochdeutsch *mittelvinger*) und **kleiner Finger**.

Frau

Das Wort *Frau* erscheint zwar schon als althochdeutsch *frouwa*, mittelhochdeutsch *frouwe* in der Bedeutung »vornehme, adlige

Dame, Herrin«, es ist aber ganz auf die Sphäre der obersten Gesellschaftsschicht, des Adels, beschränkt. Es ist abgeleitet von althochdeutsch *frô* »Herr«, ein Wort, das heute noch in *Fronleichnam* »Leib des Herrn«; *Frondienst* »Dienst für den Herrn« und in Ortsnamen wie *Fronhausen* begegnen kann. Ein adeliges unverheiratetes Mädchen war dementsprechend eine *juncfrouwe*; ein unverheiratetes einfaches Mädchen dagegen eine *maget*, später, als *maget* mehr und mehr die Bedeutung »Dienstmagd« angenommen hatte, trat eine Zeit lang das Wort *Fräulein* an seine Stelle. Weil der Diminutiv *-lein* hier aber als abwertend empfunden wird, wird das Wort heute fast nicht mehr verwendet. Nur ganz gelegentlich hört man es noch in Gaststätten als Anruf für die Kellnerin. Die neutrale Bezeichnung für Angehörige des weiblichen Geschlechts war althochdeutsch *wîb*, mittelhochdeutsch *wîp*. In Ableitungen wie weiblich ist heute noch die neutrale Bedeutung von *Weib* erhalten. Das Substantiv *Weib* wird aber heute nur noch abwertend oder scherzhaft verwendet und auch positiv gemeine Komposita wie *Rasseweib* müssen wohl letztlich so verstanden werden. Man nimmt an, dass seit der frühen Neuzeit auch solche Frauen als »frouwe« im Sinne von »vornehme Dame« angesprochen wurden, denen eigentlich diese Anrede gar nicht zustand. Dies kann eine Form von Schmeichelei oder Höflichkeit gewesen sein. Jedenfalls übernahm *Frau* nach und nach die Funktion der neutralen Bedeutungsangabe. Das bisher neutral gebrauchte Wort *Weib* wäre dann nur noch für die Gelegenheiten übrig geblieben, an denen man weder höflich sein noch schmeicheln wollte. Es bekam daher eine negative Bedeutung genauso wie *maget* und *diern(e)*, wo die Bedeutung »Jungfrau, junges Mädchen« zu »Prostituierte« absinkt. In bairisch *Dirndl* »weibliche Tracht« ist die ältere Bedeutung noch bewahrt.

Da nun nach dem Bedeutungswandel von *frouwe/Frau* kein Wort für die vornehme Frau zur Verfügung stand, bot sich französisch *dame* in dieser Position an. Eine Bedeutungsverbesserung findet sich bei dem Wort mittelhochdeutsch *quena* »Frau, Gattin«, das in englisch *queen* »Königin« weiterlebt.

frieren ....

Das gemeingermanische Verb mittelhochdeutsch *vriesen*, althochdeutsch *friosan*, niederländisch *vriezen*, englisch *to freeze*, schwedisch *frysa* bedeutet sowohl »Kälte empfinden« wie »gefrieren, zufrieren«. Es gehört mit verwandten Wörtern in anderen indogermanischen Sprachen zu der indogermanischen Wurzel **preus-* »sprühen (besonders von Tautropfen, Schneeflocken)«. Aus dem germanischen Sprachbereich ist gotisch *frius* »Kälte« verwandt. Außergermanisch stellen sich zum Beispiel lateinisch *pruina* »Reif, Frost« und altindisch *pruṣvá* »Reif, Eis« zu dieser Wurzel.

Frucht ....

Mittelhochdeutsch *vruht*, althochdeutsch *fruht* »Feld-, Baumfrucht« ist aus gleichbedeutend lateinisch *frūctus* entlehnt, das als Substantivbildung zu lateinisch *fruī* »genießen« (daneben *frux* »Frucht«) zur Wortgruppe um *brauchen* gehört. Von den fruchttragenden Bäumen her gelangte *Frucht* zu seiner allgemeinen botanischen Bedeutung; dann wurde das Wort auch auf die tierische und menschliche Leibesfrucht übertragen. Mittelhochdeutsch *fruht* steht noch für »Kind«, vergleiche auch das neuhochdeutsche Scheltwort **Früchtchen** (18. Jahrhundert; früher *Früchtlein*, 16. Jahrhundert). ♦ Ableitungen: **fruchtbar** (mittelhochdeutsch *vruhtbære*); dazu **befruchten** im biologischen und übertragenen Sinn (17. Jahrhundert).

Frustration ....

Das seit dem 19. Jahrhundert belegte Substantiv bezeichnet in der Fachsprache der Psychologie eine »Enttäuschung durch einen erzwungenen Verzicht, Versagung von Befriedigung«. Vermehrt lässt sich seine Verwendung in jüngster Zeit auch in der Allgemeinsprache beobachten, wo *Frustration* oder auch seine umgangssprachliche Kurzform **Frust** häufig synonym für jegliche Art der »Enttäuschung« verwendet wird. In beiden Bedeutungen geht es auf das aus der amerikanischen Tiefenpsychologie stammende englisch *frustration* zurück, das den von SIGMUND FREUD geprägten Begriff *Versagung* wiedergibt. In der allgemeiner gefassten Bedeutung »Enttäuschung, Niederlage« jedoch ist es im Englischen noch erheblich älter: Bereits im 16. Jahrhundert finden sich Belege. Seine Herkunft hat es in dem lateinischen Substantiv *frustrātio* »Täuschung, Irrtum, Nichterfüllung«.

fühlen ....

Das westgermanische Verb mittelhochdeutsch *vüelen*, althochdeutsch *fuolen*, niederländisch *voelen*, englisch *to feel* lässt sich am ehesten anschließen an lateinisch *palpāri* »streicheln, schmeicheln«, vielleicht auch griechisch *psēlapháō* »ich betaste, streichle«. Seine Grundbedeutung ist wohl »tasten«; es wurde anschließend auf alle körperlichen und im Deutschen seit dem 18. Jahrhundert auch auf seelische Empfindungen übertragen.

Furunkel ....

Die Bezeichnung für »Eitergeschwür« wurde im 16. Jahrhundert aus gleichbedeutend lateinisch *fūrunculus* entlehnt, das als Verkleinerungsbildung zu lateinisch *fur* »Dieb« gehört und eigentlich »kleiner Spitzbube« bedeutet. Die zudem bezeugte

Bedeutung »Nebenschössling (besonders an Rebstöcken)« legt nahe, dass das Wort – ähnlich wie bei deutsch *Geiz* (im Sinne von »schmarotzender Trieb«) – ursprünglich scherzhaft von Winzern gebraucht wurde, weil die kleineren Nebentriebe des Rebstocks dem Haupttrieb den Saft *stehlen*. Der Arzt mag dann die Bezeichnung übertragen haben, einmal wegen der äußeren Ähnlichkeit eines Geschwürs mit dem Auge am Rebstock, zum anderen auch wegen der Tatsache, dass Geschwüre eine Blutkonzentration um den Eiterherd bewirken und somit die Körpersäfte gleichsam *stehlen*.

Furz ....

(derb für:) »(laut) abgehende Blähung«: Das Wort mittelhochdeutsch *vurz*, spätalthochdeutsch *furz*, mittelniederdeutsch *vort* ist eine Bildung zu dem starken Verb mittelhochdeutsch *verzen*, althochdeutsch *ferzan*, mittelniederdeutsch *verten*, dem gleichbedeutend englisch *to fart* und schwedisch *fjärta* entsprechen. Dieses gemeingermanische Verb ist zum Beispiel verwandt mit altindisch *párdatē* »furzt«, griechisch *pérdesthai* »furzen« und russisch *perdet'* »furzen«.

Fuß ....

Die gemeingermanische Körperteilbezeichnung mittelhochdeutsch *vuoʒ*, althochdeutsch *fuoʒ*, gotisch *fōtus*, englisch *foot*, schwedisch *fot* beruht mit verwandten Wörtern in anderen indogermanischen Sprachen auf der Ablautform *$\breve{p}\bar{o}d$- von indogermanisch *$\breve{p}\bar{e}d$- »Fuß«, vergleiche zum Beispiel griechisch *poús*, Genitiv *podós* »Fuß« (vergleiche *Podium*) und lateinisch *pēs*, Genitiv *pedis* »Fuß« (vergleiche *Pedal*). ♦ Im Deutschen bezeichnet *Fuß* den untersten Teil des Beines, landschaftlich auch das ganze Bein. Als Längenmaß ist *Fuß* – im Gegensatz zu englisch *foot* – heute nicht mehr gebräuchlich. ♦ Ableitungen: Von den zahlreichen Zusammensetzungen seien vor allem genannt: **Fußball** (Lehnübersetzung des 17. Jahrhunderts von englisch *football*, zunächst für den mit dem Fuß getretenen Ball, seit Ende des 19. Jahrhunderts auch für das Mannschaftsspiel); **Fußgänger** (mittelhochdeutsch *vuoʒgenger* neben mittelhochdeutsch, althochdeutsch *fuoʒgengil* bezeichnete insbesondere den *zu Fuß* gehenden und kämpfenden Krieger).

gähnen ....

Mittelhochdeutsch *genen, ginen*, althochdeutsch *ginēn* »den Mund aufsperren, gähnen«, altenglisch *ginian, gionian* (englisch *to yawn*) stehen neben einem im Deutschen untergegangenen starken Verb altenglisch *gīnan* »sich spalten, sich auftun«, altisländisch *gīna* »den Rachen aufsperren«. Diese germanische Wortgruppe gehört mit verwandten Wörtern in anderen indogermanischen Sprachen zu der vielfach weitergebildeten und erweiterten indogermanischen Wurzel *ĝhē- (*ĝhēi-, *ĝhēu-, *ĝhan-)* »gähnen, klaffen«, die eigentlich den Gähnlaut, das heisere Ausfauchen bzw. geräuschvolle Ausatmen und ähnliche Schalleindrücke nachahmt. In anderen indogermanischen Sprachen sind zum Beispiel verwandt griechisch *cháskein* »gähnen, klaffen«, *chásma* »klaffende Öffnung«, *cháos* »leerer Raum, Luftraum, Kluft« (vergleiche dazu auch *Chaos*). Aus dem germanischen Sprachraum gehören hierher ebenfalls die Wortfamilien um *gaffen* (eigentlich »den Mund aufreißen«) und *Gaumen* (eigentlich »Rachen, Schlund«).

gebären ....

Mittelhochdeutsch *gebern*, althochdeutsch *giberan* »(hervor) bringen, erzeugen, gebären« ist eine ge-Bildung zu dem im Neuhochdeutschen untergegangenen gemeingermanischen Verb mittelhochdeutsch *bern*, althochdeutsch *beran* »tragen; bringen; hervorbringen; gebären«, englisch *to bear* »tragen; bringen; ertragen, aushalten; zur Welt bringen, gebären«, schwedisch *bära* »tragen; bringen; ertragen, aushalten«. Dieses gemeingermanische Verb, auch die Bildung *entbehren* (eigentlich »nicht tragen, nicht bei sich haben«), gehört zur indogermanischen Wurzel **bher(ə)-* »(sich) heben, (sich) regen, (sich) bewegen«, dann auch »tragen; bringen, holen; hervorbringen, erzeugen, gebären«. Vergleiche zum Beispiel altindisch *bhárati* »trägt«, griechisch *phérein* »tragen; bringen«, *phórtos* »Bürde, Last, Ladung«. Aus dem germanischen Sprachraum gehören zu dieser Wurzel auch die Substantivbildungen *Bahre* (eigentlich »Trage«) und *Bürde* (eigentlich »was getragen wird«). ♦ Die metaphorische Zusammensetzung **Gebärmutter** (älter auch *Bärmutter)* ist seit dem 16. Jahrhundert bezeugt.

geil ....

Mittelhochdeutsch, althochdeutsch *geil* »kraftvoll; fröhlich, lustig; üppig«, niederländisch *geil* »wollüstig«, altenglisch *gāl* »stolz; übermütig; lustig; lüstern«, altisländisch *geiligr* » schön, stattlich« sind im germanischen Sprachbereich zum Beispiel verwandt mit älter niederländisch *gijlen* »gären« und norwegisch *gil* »gärendes Bier«. Das gemeingermanische Adjektiv bedeutet also ursprünglich »in Gärung befindlich, aufschäumend«, dann »erregt, heftig«. ♦ Bis ins 20. Jahrhundert wird *geil* zumeist im Sinne von »geschlechtlich erregt, brünstig« verwendet, während es als »üppig, wuchernd« (von Pflanzen) weitgehend veraltet ist; heute wird *geil* vor allem im Sinne von »großartig, toll« gebraucht.

Gelenk

Mittelhochdeutsch *gelenke* »Taille« ist eine Bildung zu mittelhochdeutsch *lanke*, althochdeutsch *(h)lanca* »Hüfte, Lende, Weiche«. Das Substantiv bezeichnete also zunächst den biegsamen Teil des Körpers zwischen Rippen und Becken und ging dann auf alle biegsamen Teile des Körpers über. ♦ Verwandt sind zum Beispiel altenglisch *hlence* »Glied einer Kette«, *hlanc* »schlank« (eigentlich »biegsam«) und altisländisch *hlykkr* »Krümmung«. Zugrunde liegt diesen Formen und verwandten Wörtern in anderen indogermanischen Sprachen eine Wurzel **kleng-* »biegen, winden«.

genesen

Das gemeingermanische Verb mittelhochdeutsch *genesen*, althochdeutsch *ginesan*, gotisch *ganisan*, niederländisch *genezen*, altenglisch *genesan* gehört mit verwandten Wörtern in anderen indogermanischen Sprachen zu der indogermanischen Wurzel **nes-* »davonkommen, am Leben oder gesund bleiben, glücklich heimkehren«, vergleiche zum Beispiel altindisch *násatē* »gesellt sich zu, vereinigt sich mit jemandem« und griechisch *néomai* »komme glücklich an, kehre heim«, dazu *Néstōr* (Name eines greisen Königs in der griechischen Sage, eigentlich »der immer Wiederkehrende«).

Gesäß

Mittelhochdeutsch *gesæʒe*, althochdeutsch *gisāʒi* »Wohnsitz, Sitz; Lager; Belagerung; Lage; Hintern« gehört zu dem Verb *sitzen* und bedeutet ursprünglich »das, worauf man sitzt; Ort, an dem man sich aufhält«. Daher entstehen Ortsnamen wie *Falkengesäß*. Heute wird das Substantiv nur noch im Sinne von »Hintern« verwendet.

Geschmack

Mittelhochdeutsch, althochdeutsch *gesmac* »Geruch, Ausdünstung; Geschmack; Geschmackssinn« gehört mit dem im Neuhochdeutschen untergegangenen Wort *smac* (englisch *smack* »Geschmack«) zu dem unter ☞ schmecken behandelten Verb. Dieses bedeutete in den älteren Sprachstadien auch »riechen« und allgemein »wahrnehmen, empfinden«. Anders gebildet ist mittelhochdeutsch *(ge)smach*, althochdeutsch *gismahho* »Geruch, Ausdünstung; Geschmackssinn«. ♦ Die Verwendung von *Geschmack* im Sinne von »(Wohl)gefallen; Stil(gefühl); Schönheitssinn« beruht auf Bedeutungsentlehnung aus französisch *(bon) goût* oder italienisch *(buon) gusto*.

Gesicht

Mittelhochdeutsch, althochdeutsch *gesiht* »Anblicken, das Sehen; Gesehenes, Anblick; Erscheinung, Vision; Aussehen, Gestalt; Antlitz«, niederländisch *gezicht* »Anblick; Blick; Aussicht; Gesicht, Miene«, altenglisch *gesiht* »das Sehen; Anblick; Erscheinung, Vision« gehören zu dem unter ☞ sehen behandelten Verb. Die Bedeutung »Antlitz«, in der das Wort im Althochdeutschen und Mittelhochdeutschen nur vereinzelt bezeugt ist, hat sich demnach aus »Anblick(en)« oder aus »Teil des Kopfes, an dem sich der Gesichtssinn befindet« entwickelt. Im heutigen Sprachgebrauch wird *Gesicht* auch auf das geistige Schauen übertragen. Daher bezeichnet man (in Nachahmung des englischen *second sight*) mit dem *zweiten Gesicht* die Fähigkeit, künftige Vorgänge mit dem geistigen Auge zu schauen.

Gicht

Für die Bezeichnung der Stoffwechselkrankheit ist von der im Volksglauben weitverbreiteten Vorstellung auszugehen, dass Krankheiten durch Beschreien oder auch Besprechen ausgelöst werden können. *Gicht* bedeutete ursprünglich »Besprechung, Behexung« und bezog sich zunächst auf alle Arten von Gliederschmerzen, Entzündungen, Krämpfen und Lähmungen. Die Bezeichnung der Krankheit mittelhochdeutsch *giht*, althochdeutsch *giht*, mittelniederdeutsch *gicht*, *jicht* (entsprechend niederländisch *jicht*) ist demnach mit dem zu althochdeutsch *jehan* »sagen, sprechen« gebildeten Substantiv althochdeutsch *jiht*, mittelhochdeutsch *giht* »Aussage, Geständnis, Bekenntnis« (vergleiche *Beichte*) identisch.

Gift

»Stoff, der an oder in einem lebenden Organismus schädliche Wirkungen hervorruft«: Mittelhochdeutsch, althochdeutsch *gift* bedeutet »das Geben; Gabe; Übergabe; Gift«, gotisch *fra-gifts* »Verleihung«, altenglisch *gift* »Gabe, Geschenk; Mitgift«, altisländisch *gipt* »Gabe; Glück« beruhen auf einer Bildung zu dem Verb *geben*. Die alte Bedeutung »Gabe, Gegebenes« ist im Deutschen noch in den Zusammensetzungen **Mitgift** »Heiratsgut« (15. Jahrhundert, ursprünglich »das Mitgegebene«) und schweizerisch **Handgift** »Schenkung« (eigentlich »Handgabe«) erhalten. Die heute allein übliche, schon für das Althochdeutsche bezeugte Bedeutung ist Lehnbedeutung nach griechisch-spätlateinisch *dósis*, das eigentlich »Gabe« bedeutet (vergleiche ☞Dosis, *Dose*), aber auch als verhüllender Ausdruck für »Gift« gebraucht wurde. Ein euphemistischer Ausdruck für »Gift« ist zum Beispiel auch französisch *poison*, ursprünglich »Trank« (lateinisch *potio*).

Glatze

»kahle Stelle auf dem Kopf«: Das Wort (frühneuhochdeutsch *glatze*, mittelhochdeutsch *gla[t]z*, entsprechend mittelniederdeutsch *glate*) ist eine Bildung zu dem Adjektiv *glatt* in dessen älterer Bedeutung »glänzend, blank«.

Glied

Das Substantiv mittelhochdeutsch *gelit*, althochdeutsch *gilid* ist eine ge-Bildung zu dem im Neuhochdeutschen untergegangenen gleichbedeutenden gemeingermanischen Wort mittelhochdeutsch *lit*, althochdeutsch *lid*, gotisch *liþus*, altenglisch *lið*, altisländisch *liðr*, das zu der vielfach weitergebildeten und erweiterten indogermanischen Wurzel *el- »biegen« gehört (vergleiche ☞Elle). Verwandt ist auch das mit anderem Suffix gebildete altenglisch *lim* »Glied, Gelenk« (englisch *limb*). Für die Bezeichnung ist also, wie auch für *Elle* und englisch *limb*, von »Biegung, Gebogenes (am Körper)« auszugehen. *Glied* bezeichnete dann nicht nur das Gelenk, sondern auch die Arme und Beine im Gegensatz zum Rumpf. Im übertragenen Gebrauch nahm *Glied* dann auch die Bedeutung »Teil eines Ganzen (besonders auch einer Sippe); Mitglied«, »Verbindungsstück (einer Kette)« und »Reihe (einer militärischen Abteilung)« an.

greis

Das Wort (althochdeutsch, altsächsisch, mittelniederdeutsch, mittelhochdeutsch *grīs*) hat sich allmählich vom Niederdeutschen her über das deutsche Sprachgebiet ausgebreitet. Im Niederländischen entspricht *grijs* »grau; alt«. Das Adjektiv bedeutete ursprünglich »grau«. Da es besonders häufig auf das vom Alter ergraute Haar bezogen wurde, wandelte sich seine Bedeutung von »grau« zu »alt«. Im Niederdeutschen ist die

Bedeutung »grau« bewahrt, vergleiche das dem hochdeutschen *greis* entsprechende niederdeutsche *gries* »grau«. Aus dem Französischen (altfranzösisch *grisel*) stammt englisch *grizzle, grizzly* »grau«, so in englisch *grizzly bear,* eigentlich »Graubär«, aus dem *Grizzlybär* entlehnt ist.

grübeln

Das Verb mittelhochdeutsch *grübelen,* althochdeutsch *grubilōn* »(wiederholt) graben, herumstochern, herumbohren; nachforschen, nachdenken« ist eine Iterativbildung zum Verb *graben* und ausschließlich auf das deutsche Sprachgebiet beschränkt.

Gymnastik

Das Wort bezeichnet die »Körperschulung durch rhythmische Freiübungen« und wurde in der 2. Hälfte des 16. Jahrhunderts aus griechisch *gymnastikḗ (téchnē)* entlehnt, das seinerseits zu griechisch *gymnázesthai* »mit nacktem Körper Leibesübungen machen« (vergleiche *Gymnasium*) gehört.

Haar

Mittelhochdeutsch, althochdeutsch *hār*, niederländisch *haar*, englisch *hair*, schwedisch *hår* gehen auf germanisch **hēra-* »Haar« zurück, das mit verwandten Wörtern in anderen indogermanischen Sprachen, zum Beispiel litauisch *šerỹs* »Borste«, russisch *šerst'* »Wolle«, zu einer Wurzel **k̑er(s)-* »starren, rau, struppig sein« gehört (vergleiche mittelniederdeutsch *haren* »rau, rissig, trocken sein«, isländisch *hara* »starren«). Das Wort bezeichnet nicht nur das einzelne Haar, es wird auch kollektiv im Sinne von »Gesamtheit der Haare, Behaarung«, speziell »Behaarung des Kopfes, Kopfhaar« gebraucht. Eine bedeutende Rolle spielt das Haar im Volksglauben (als Symbol der Freiheit, auch der Kraft) und daher auch in Redensarten.

Hals

Der Hals ist der Ort der Drehung des Kopfes. Die gemeingermanische Körperteilbezeichnung mittelhochdeutsch, althochdeutsch, gotisch *hals*, altenglisch *heals*, schwedisch *hals*, der lateinisch *collus* (klassisch-lateinisch *collum*) »Hals« entspricht, gehört zu der indogermanischen Wurzel *$k\mu el$ »(sich) drehen, (sich) herumbewegen«. Zu dieser Wurzel stellen sich aus anderen indogermanischen Sprachen zum Beispiel griechisch *pélein* »in Bewegung sein«, *pólos* »Achse, Drehpunkt« (vergleiche *Pol*), *kýklos* »Kreis« (vergleiche *Zyklus*), polnisch *koło* »Rad«.

Halluzination

Die Bezeichnung für »Sinnestäuschung« wurde nach vereinzelten Übernahmen im 17. und 19. Jahrhundert – zunächst in die medizinische Fachsprache – aus lateinisch *(h)āl(l)ūcinātio* »gedankenloses Reden« entlehnt. Dies gehört zu lateinisch *(h)al(l)ūcinārī* »gedankenlos reden oder sein«. Das lateinische Verb beruht wohl auf einer Entlehnung (mit Angleichung an lateinisch *vāticinārī* »weissagen, schwärmen«) aus griechisch *alýein* »außer sich sein«.

Hand

Die gemeingermanische Körperteilbezeichnung mittelhochdeutsch, althochdeutsch *hant*, gotisch *handus*, englisch *hand*, schwedisch *hand* gehört wahrscheinlich zu der Wortgruppe um gotisch *-hinþan* »fangen, greifen« und bedeutet demnach eigentlich »Greiferin, Fasserin«.

handeln

Mittelhochdeutsch *handeln* »mit den Händen fassen, berühren; (be)arbeiten; verrichten, vollbringen, tun; mit etwas verfahren; behandeln; bewirten«, althochdeutsch *hantalōn* »befassen, berühren«, englisch *to handle* »handhaben; behandeln; verwalten«, altisländisch *hǫndla* »mit der Hand berühren, fassen« sind von dem unter ☞ Hand dargestellten gemeingermanischen

Substantiv abgeleitet. Seit dem 16. Jahrhundert hat *handeln* auch kaufmännische Geltung und wird im Sinne von »Handel treiben, Geschäfte machen«, »verkaufen« und »über den Preis verhandeln, feilschen« gebraucht.

Haupt

Die gemeingermanische Körperteilbezeichnung mittelhochdeutsch *houbet*, althochdeutsch *houbit*, gotisch *haubiþ*, englisch *head*, schwedisch *huvud* ist wohl verwandt mit lateinisch *caput* »Haupt, Kopf« und mit altindisch *kapálam* »Schale; Hirnschale; Schädel«. Dieser indogermanischen Wortgruppe liegt *kaput-, *kapĕlo- »Kopf« zugrunde, das wahrscheinlich eine Substantivbildung zur indogermanischen Wurzel *heben* = *kap- »fassen, packen« ist und zuerst »Gefäß, Schale« bedeutete. Zur Bezeichnung des Kopfes als »Gefäß, Schale, Scherbe« vergleiche das Verhältnis von neuhochdeutsch *Kopf* zu althochdeutsch *kopf* »Trinkgefäß, Becher«, von altisländisch *kollr* »Kopf« zu altisländisch *kolla* »Topf«, von französisch *tête* »Kopf« zu lateinisch *testa* »Schale; Scherbe« usw.

Haut

Die Haut ist als »Hülle« (des menschlichen Körpers) verstanden. Das Wort mittelhochdeutsch, althochdeutsch *hūt*, niederländisch *huid*, englisch *hide*, schwedisch *hud* gehört zur indogermanischen Wurzel *(s)keu- »bedecken, umhüllen« (vergleiche *Scheune*). Eng verwandt sind im germanischen Sprachraum die Wörter ☞ Hode und *Hütte*. Außergermanisch vergleichen sich auch griechisch *kýtos* »Hülle; Haut; Behältnis« und lateinisch *cutis* »Haut«, vergleiche fachsprachlich *Kutis* »Lederhaut der Wirbeltiere«, *Kutikula* »äußere Zellschicht der Pflanzen«, *subkutan* »unter der Haut befindlich«.

> **Haut ¶ auf der (faulen) (Bären)haut liegen**
> (umgangssprachlich) »faulenzen« ♦ Die Wendung
> beruht auf einer alten übertreibenden Ausschmückung
> der Lebensgewohnheiten der alten Germanen, wie
> sie TACITUS in seiner *Germania* (Kapitel 15) schildert.
> Die Germanen hätten, wenn sie nicht im Krieg oder
> auf der Jagd waren, faul auf Fellen herumgelegen und
> den Frauen die Arbeit überlassen.

heil

Das gemeingermanische Adjektiv mittelhochdeutsch, althochdeutsch *heil* »gesund; unversehrt; gerettet«, englisch *whole* »ganz; völlig; vollständig; gesund, heil« und *hale* »frisch, ungeschwächt«, schwedisch *hel* »ganz« ist mit der keltischen Wortgruppe um kymrisch *coel* »Vorzeichen« und mit der baltoslawischen Gruppe um russisch *celyj* »ganz; vollständig; groß, bedeutend; heil, unversehrt« verwandt. Das Wort ist wohl aus dem sakralen Bereich in die Alltagssprache eingetreten. ♦ In norddeutscher Umgangssprache wird *heil* auch im Sinne von »ganz« gebraucht. Daneben gibt es verstärkendes *heil* wie in **heilfroh** »ganz und gar froh«.

Herz

Das gemeingermanische Substantiv mittelhochdeutsch *herz(e)*, althochdeutsch *herza*, gotisch *haírto*, englisch *heart*, schwedisch *hjärta* geht mit verwandten Wörtern in anderen indogermanischen Sprachen, vergleiche zum Beispiel lateinisch *cor*, Genitiv *cordis* »Herz« (vergleiche *Courage*), griechisch *kardía* »Herz« (vergleiche medizinisch-fachsprachlich *Kardio-* in *Kardiogramm, Kardiologie* usw.) und russisch *serdce* »Herz«, auf indogermanisch *ḱĕrd- »Herz« zurück. ♦ Das Herz gilt als der Sitz der Empfindungen, was sich etwa in den Wendungen *sich etwas zu Herzen nehmen, sein Herz ausschütten* zeigt. Dazu gehören die abgeleiteten Adjektive **herzlich** (mittelhochdeutsch *herze[n]lich*) und **herzlos** (mittelhochdeutsch *herzelōs*). ♦ Zudem gilt das Herz auch als Sitz des Mutes, der Entschlusskraft und der Besonnenheit, vergleiche zum Beispiel die Wendung *sich ein Herz fassen*. In diesem Sinn abgeleitet sind die Adjektive **herzhaft** »ordentlich; kräftig, gehaltvoll« (mittelhochdeutsch *herzehaft* »mutig; besonnen, verständig«) und **beherzt** (mittelhochdeutsch *beherz[et]* »mutig«) und das Verb **beherzigen** »ernst nehmen und befolgen« (16. Jahrhundert).

Hirn

Mittelhochdeutsch *hirn(e)*, althochdeutsch *hirni*, niederländisch *hersenen*, mittelenglisch *hernes*, schwedisch *hjärna* sind mit der germanischen Wortgruppe um *Horn, Hornisse* und *Hirsch* verwandt und gehören zu der vielfach weitergebildeten und erweiterten indogermanischen Wurzel *ḱer(ə)- »Horn, Geweih; gehörntes, geweihtragendes Tier; Kopf, Oberstes, Spitze«. Zu dieser Wurzel stellen sich aus anderen indogermanischen Sprachen griechisch *kárā* »Kopf, Haupt« (vergleiche *Karotte*), *kéras* »Horn«, *krāníon* »Hirnschale, Schädel« (☞ Migräne), lateinisch *cerebrum* »Hirn« (vergleiche fachsprachlich *zerebral* »das Gehirn betreffend«). ♦ Eine auf das deutsche Sprachgebiet beschränkte Kollektivbildung zu *Hirn* ist **Gehirn**.

Hode, Hoden

Das auf das deutsche Sprachgebiet beschränkte Substantiv (mittelhochdeutsch *hode*, althochdeutsch *hodo*) gehört, wie auch ☞ Haut und *Hütte*, vermutlich zu der indogermanischen

Wurzel *(s)keu- »bedecken, verhüllen«. Vergleiche dazu aus anderen indogermanischen Sprachen zum Beispiel kymrisch *cwd* »Hodensack« (eigentlich »Hülle«).

Homöopathie ....

»Heilverfahren, bei dem der Kranke mit den Mitteln behandelt wird, die beim Gesunden ähnliche Krankheitserscheinungen hervorrufen«: Das Substantiv ist eine gelehrte Bildung des Leipziger Arztes SAMUEL HAHNEMANN (1775–1843) aus griechisch *homoīos* »ähnlich, gleichartig« und griechisch *páthos* »Leid, Schmerz; Krankheit«. Als Vorbild diente der alte, im Volksglauben verwurzelte Grundsatz *similia similibus curantur* »Gleiches wird durch Gleiches geheilt«.

hören ....

Das gemeingermanische Verb mittelhochdeutsch *hœren*, althochdeutsch *hōren*, englisch *to hear*, schwedisch *höra* gehört mit verwandten Wörtern in anderen indogermanischen Sprachen, vergleiche zum Beispiel lateinisch *cavere* »sich in Acht nehmen« und griechisch *akoúein* »hören; gehorchen«, zu der indogermanischen Wurzel *keu[s]-* »auf etwas achten, merken, bemerken, hören, sehen«.

Hormon ....

Der medizinische Fachausdruck für »körpereigener Wirkstoff« ist eine gelehrte Neubildung des frühen 20. Jahrhunderts zu griechisch *hormān* »in Bewegung setzen, antreiben, anregen«, einer Ableitung von griechisch *hormḗ* »Anlauf, Angriff; Antrieb«. Dies gehört zu der indogermanischen Wortfamilie um *Rhythmus* und *Strom*.

Hospital (Spital) ....

»Krankenhaus«, dafür veraltend, aber noch landschaftlich, vor allem österreichisch und schweizerisch auch **Spital**. Das früher auch im Sinne von »Armenhaus, Altersheim« gebrauchte Wort ist schon im Althochdeutschen in der verdeutlichenden Zusammensetzung *hospitālhūs* (mittelhochdeutsch *hospitāl[e]*) bezeugt. Es geht wie französisch *hôtel* (vergleiche hierzu *Hotel*) auf das lateinische Adjektiv *hospitalis* »gastlich, gastfreundlich« zurück. Stammwort ist lateinisch *hospes (hospitis)* »Gastfreund«, das auch in unserem aus dem Englischen entlehnten *Hostess* lebt. Mit den Ableitungen *hospitium* »Gastfreundschaft; Herberge« (☞ Hospiz) und *hospitari* »Gast sein, als Gast bewirtet werden; einkehren« (vergleiche *hospitieren*) gehört lateinisch *hospes* zur Wortfamilie von lateinisch *hostis* »Fremdling; Feind« und demnach auch zu der indogermanischen Wortfamilie des urverwandten Substantivs *Gast*.

Hospiz ....

»Beherbergungsbetrieb (mit christlicher Hausordnung); Einrichtung zur Pflege und Betreuung Sterbender«: Das Hospiz war ursprünglich eine christliche Herberge für Reisende, vor allem für Pilger und Mönche, also eine Art Herbergskloster, wie es auch heute noch auf dem St.-Bernhard-Pass existiert. Das Wort wurde Ende des 18. Jahrhunderts aus älterem *Hospitium* eingedeutscht, das aus lateinisch *hospitium* »Gastfreundschaft; Bewirtung; Herberge« stammt (vergleiche ☞ Hospital).

Hunger ....

Das gemeingermanische Substantiv mittelhochdeutsch *hunger*, althochdeutsch *hungar*, gotisch *hūhrus*, englisch *hunger*, schwedisch *hunger* gehört wahrscheinlich im Sinne von »Brennen,

brennendes Verlangen« zu der indogermanischen Wurzelform *kenk- »brennen« (auch vom Schmerz, Durst, Hunger).
Vergleiche aus anderen indogermanischen Sprachen zum Beispiel griechisch *kánkanos* »dürr«, *kénkei* »er hungert«, litauisch
keñkti »wehtun; schaden«.

Hypnose

»schlafähnlicher Bewusstseinszustand, Zwangsschlaf«: Das
Substantiv ist eine gelehrte Neubildung des 19. Jahrhunderts
zum etwas früher bezeugten Adjektiv **hypnotisch** »einschlä-
fernd, den Willen lähmend«. Dies ist aus lateinisch *hypnōticus*
entlehnt, das auf griechisch *hypnōtikós* »schläfrig; einschlä-
fernd« zurückgeht. Zugrunde liegt das griechische Substantiv
hýpnos »Schlaf«.

Hypochonder

»eingebildeter Kranker«: Das Wort ist eine Rückbildung des
18. Jahrhunderts aus dem Adjektiv **hypochondrisch** »schwer-
mütig, trübsinnig« (17. Jahrhundert). Dies geht auf griechisch
hypo-chondriakós »am Hypochondrion leidend« zurück. Das
Hypochondrion (griechisch *hypo-chóndria*) bezeichnet eigentlich »das unter dem Brustknorpel Befindliche«, also die gesam-
ten Organe des Unterleibs und war nach antiken Anschauungen
Sitz und Ursache von Gemütskrankheiten. ♦ Stammwort ist
griechisch *chóndros* »Krümchen, Korn; Knorpel, Brustknorpel«.

impfen

Das Verb war ursprünglich ein Fachwort des Wein- und Gartenbaus mit der Bedeutung »ein Pfropfreis einsetzen, veredeln«. Es wurde aus gleichbedeutend vulgärlateinisch *imputāre* entlehnt, das seinerseits wahrscheinlich Entlehnung aus griechisch *emphyteúein* »einpflanzen, pfropfen« ist. Im 18. Jahrhundert wurde *impfen* in die medizinische Fachsprache übernommen mit der Bedeutung »Krankheitserreger in abgeschwächter Form in den Körper übertragen zum Zwecke der Immunisierung gegen ansteckende Krankheiten«. In dieser Bedeutung erlangte das Wort gemeinsprachliche Geltung.

Injektion

»Einspritzung«: Der medizinische Fachausdruck wurde im 19. Jahrhundert aus gleichbedeutend lateinisch *iniectio* (eigentlich »das Hineinwerfen«) entlehnt. Zugrunde liegt das lateinische Verb *iacere* »werfen, schleudern« (vergleiche *Jeton*) in der Zusammensetzung *in-icere* »hineinwerfen; einflößen usw.«.

Iris

Das Wort für »Regenbogen (Meteorologie); Regenbogenhaut des Auges (Medizin)« bezeichnet auch eine Schwertliliengattung und stammt aus griechisch *īris* (◄ **u̯īris*) »Regenbogen«, das zahlreich auf schillernde, buntfarbene Dinge übertragen wurde. Es gehört wohl zu der Wortgruppe um indogermanisch **u̯ei-*, *u̯i-* »drehen, biegen«.

irr(e)

althochdeutsch *irri* »verirrt; verwirrt; erzürnt«, gotisch *aírzeis* »verirrt, verführt«, altenglisch *ierre* »irrend; verirrt; verkehrt; ketzerisch; verwirrt; zornig«. Das gemeingermanische Adjektiv ist näher verwandt mit der Wortgruppe um lateinisch *errāre* »umherirren; sich verirren; schwanken; sich irren« und geht mit der Gruppe um *rasen* auf die indogermanische Wurzelform **er(ə)s-* »sich (schnell, heftig oder ziellos) bewegen« zurück. Der Begriff des Irrens und der Begriff der seelischen Erregtheit beruhen also auf der Vorstellung der heftigen oder ziellosen Bewegung. ◆ Die Bedeutung »psychotisch wirkend, verstört«, in der das Adjektiv heute als diskriminierend empfunden wird, hat sich erst in neuhochdeutscher Zeit entwickelt. An diesen Sinn von *irr(e)* schließen sich die Bildungen **Irrer** »psychotischer Mensch« und die Zusammensetzungen **Irrenanstalt** (19. Jahrhundert), **Irrenhaus** (18. Jahrhundert) an.

Jod

Die Bezeichnung dieses chemischen Grundstoffes wurde im frühen 19. Jahrhundert aus gleichbedeutend französisch *iode* entlehnt, einer gelehrten Bildung des französischen Chemikers Joseph Louis Gay-Lussac zu griechisch *i-ṓdēs (io-eidḗs)* »veilchenfarben«. Der Ausdruck bezieht sich darauf, dass bei der Erhitzung von Jod veilchenblaue Dämpfe entstehen. Bestimmungswort ist griechisch *íon* »Veilchen«, das verwandt ist mit gleichbedeutend lateinisch *viola*; vergleiche *Veilchen*.

jucken

Die Herkunft des nur westgermanischen Verbs (mittelhochdeutsch *jucken*, althochdeutsch *jucchen*, niederländisch *jeuken*, englisch *to itch*) ist nicht geklärt. Je nach der Konstruktion kann *jucken* die Bedeutung »einen Juckreiz empfinden«, »einen Juckreiz verursachen, kitzeln« oder »kratzen (um den Juckreiz zu beseitigen)« haben. Das Wort ist vielleicht eine Intensivbildung zu mittelhochdeutsch *jouchen* »jagen, treiben«, vergleiche dazu altpersisch *yaud-* »sich unruhig bewegen«. Die schnelle Bewegung wäre dann sekundär auf den Hautreiz übertragen worden. Im Volksglauben spielt der Juckreiz seit alters eine bedeutende Rolle. Vergleiche zum Beispiel die Auslegungen, dass das Jucken der Hand auf Geldeinnahme, das Jucken der Nase auf (schlechte) Neuigkeiten hinweist.

jung

Das gemeingermanische Adjektiv mittelhochdeutsch *junc*, althochdeutsch *jung*, gotisch *juggs*, englisch *young*, schwedisch *ung* geht auf eine Weiterbildung des indogermanischen Adjektivs **i̯uu̯en-* »jung« zurück. Vergleiche aus anderen indogermanischen Sprachen altindisch *yúvan-* »jung« und lateinisch *iuvenis* »jung«. ♦ Das Adjektiv *jung* steht zuerst in Opposition zu *alt* und wird ferner im Sinne von »frisch, neu; unreif, unausgegoren, unerfahren« und zeitlich im Sinne von »letzt, spät« gebraucht (vergleiche *Jüngstes Gericht*). ♦ Zusammensetzungen: **Jungfrau** (mittelhochdeutsch *juncvrou[we]*, althochdeutsch *juncfrouwa* »junge Herrin, Edelfräulein«, dann »junge, noch unverheiratete Frau [adligen Geschlechts]« und schließlich »junge, unberührte Frau«); **Junggeselle** (15. Jahrhundert; zunächst in der Bedeutung »junger Handwerksbursche«, dann »[junger] unverheirateter Mann«).

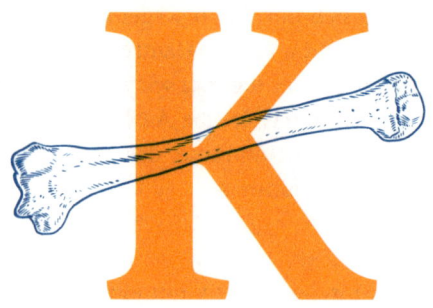

Kaiserschnitt ....

Bei dem römischen Schriftsteller GAIUS PLINIUS SECUNDUS
MAIOR (23–79) findet sich der wohl legendäre Versuch einer
Deutung des altrömischen Namens *Caesar* (vergleiche hierzu
Kaiser). Danach soll CAESAR als erster Träger dieses Namens
bei der Geburt aus dem Leib seiner Mutter herausgeschnitten
worden sein (zu lateinisch *caedere, caesum* »schlagen, hauen;
herausschneiden«). Aufgrund dieser Legende prägte man in
der mittelalterlichen Medizin für die chirurgische (Schnitt-
entbindung (die notwendig wird, wenn der natürliche Geburts-
vorgang nicht möglich ist) die Bezeichnung mittellateinisch
sectio caesarea »cäsarischer Schnitt«. Dieses medizinische Fachwort lebt in den zahlreichen modernen europäischen Sprachen
fort (vergleiche zum Beispiel entsprechend englisch *Caesarian
section* und französisch *césarienne*). Im Deutschen kamen dafür
die Lehnübersetzungen *kaiserlicher Schnitt* (18. Jahrhundert)
und *Kaiserschnitt* (17. Jahrhundert) auf, von denen sich letztere
durchsetzte.

Katarrh

»Schleimhautentzündung (mit reichlichen Absonderungen)«:
Das seit Anfang des 16. Jahrhunderts bezeugte Substantiv galt
in der älteren Medizin speziell zur Bezeichnung des Schnup-
fens. Es ist aus lateinisch *catarrhus* entlehnt, das seinerseits aus
griechisch *katárrhous* »Schnupfen« stammt. Die wörtliche Bedeutung des griechischen Wortes ist »Herabfluss« (zum Grundverb griechisch *rheīn* »fließen«; vergleiche *Rhythmus*). Nach
antiken Vorstellungen ist ein aus dem Gehirn herabfließender
Schleim die Ursache dieser Krankheit.

Kehle

Das auf das Westgermanische beschränkte Substantiv mittelhochdeutsch *kel(e)*, althochdeutsch *kela*, niederländisch *keel*,
altenglisch *ceole* geht mit verwandten Wörtern auf die Wurzel **gel-* »verschlingen« zurück; vergleiche dazu auch altirisch
gelid »verschlingt, verzehrt, frisst«. Auf einer Nebenform **guel-*
beruht zum Beispiel lateinisch *gula* »Schlund; Speiseröhre«
(vergleiche *Gully*). Wie das zu *schlingen* gebildete *Schlund* hat
auch *Kehle* die Bedeutung »Schlucht, Vertiefung« entwickelt,
vergleiche die Orts- und Flurnamen mit *Kehle* (zum Beispiel
Hundekehle, *Silberkehle*) und die Zusammensetzung **Kniekehle**
(mittelhochdeutsch *kniekel*).

Klimakterium

Die medizinische Fachbezeichnung für »Wechseljahre« ist eine
Bildung zu lateinisch *clīmakter* »kritischer Punkt im menschlichen Leben (im gestuften Abstand von 7 Jahren)«, das aus
griechisch *klīmaktér* »Stufenleiter; kritischer Punkt im menschlichen Leben« entlehnt ist. Dies gehört zu griechisch *klīmax*
»Treppe, Leiter«. Dazu **Klimax** »Höhepunkt« (18. Jahrhundert).

Klinik ....

»Krankenhaus«: Das seit dem 19. Jahrhundert anfänglich in der Bedeutung »Anstalt zum Unterricht in der Heilkunde« bezeugte Substantiv geht auf griechisch *klīnikḗ téchnē* »Heilkunst für bettlägerig Kranke« zurück. Zugrunde liegt das griechische Substantiv *klī́nē* »Lager, Bett«, das von dem Verb griechisch *klī́nēin* »(sich) neigen, (an)lehnen; beugen« abgeleitet ist. Weitere Bildungen von griechisch *klī́nēin* sind zum Beispiel griechisch *klíma* »Neigung, Abhang; Himmelsgegend, geografische Lage, Zone« (vergleiche *Klima* und *akklimatisieren*) und griechisch *klīmax* »Treppe, Leiter« (☞ Klimakterium).

Knie ....

Die gemeingermanische Körperteilbezeichnung mittelhochdeutsch *knie*, althochdeutsch *kneo*, gotisch *kniu*, englisch *knee*, schwedisch *knä* geht mit verwandten Wörtern in anderen indogermanischen Sprachen auf indogermanisch *ĝenu-* »Knie« zurück, vergleiche gleichbedeutend altindisch *jā́nu*, griechisch *góny* und lateinisch *genu*. In hethitisch *genu-, ganu-* »Knie, Geschlechtsteil, Geschlecht« zeigt sich zudem der Zusammenhang mit den Wortgruppen um *Kind* und *Knopf* für verdickte Gegenstände.

> **Knie ❡ etwas übers Knie brechen**
> (umgangssprachlich) »etwas übereilt tun, erledigen«
> ♦ Die Wendung bezieht sich auf das Zerkleinern des Holzes. Holz (Äste, Latten oder Ähnliches), das man über das (angezogene) Knie bricht, ist natürlich nicht so ordentlich zerkleinert, als wenn man die Axt oder Säge benutzt.

Knochen ....

Das schon seit dem 14. Jahrhundert im deutschen Sprachgebiet bezeugte Wort hat *Bein* im Sinne von »Knochen« weitgehend zurückgedrängt (siehe ☞ Bein). Mittelhochdeutsch *knoche*, mittelniederdeutsch *knoke*, niederländisch *kno(o)k*, schwedisch mundartlich *knoka* »Knochen« vergleichen sich mit griechisch *góny* »Gelenk, Knie, Knoten an Halmen«. Schließlich gehören sie wie die Wortgruppe um *Knopf* zu den Bezeichnungen für verdickte Gegenstände.

knutschen ....

Das Verb, das seit dem Anfang des 20. Jahrhunderts umgangssprachlich im Sinne von »heftig liebkosen, liebend und küssend an sich drücken« gebräuchlich ist, bedeutete früher »pressen, (zusammen)drücken, quetschen«, vergleiche zum Beispiel auch mitteldeutsch (13. Jahrhundert) *zuknutschen* »zerdrücken«, mittelhochdeutsch *knutzen* »drücken, quetschen«, oberdeutsch (um 1500) *knütschen* »drücken«. Die alte Bedeutung bewahrt die verhochdeutschte Form *knautschen*.

Kokain ....

Die wissenschaftliche Bezeichnung für das aus den Blättern des Kokastrauchs gewonnene Rauschgift, das in der Medizin als Betäubungs- und Arzneimittel eine Rolle spielt, entstand im 19. Jahrhundert. Der Kokastrauch ist in Südamerika beheimatet. Seine über die Quechua-Sprache aus der Aimara-Sprache stammende spanische Bezeichnung *coca* erscheint im 16. Jahrhundert in neuhochdeutschen Texten (heute vor allem bekannt durch *Coca-Cola*). Die berauschende Eigenschaft der Blätter des Kokastrauchs lernten die Europäer von den peruanischen Indianern kennen, die diese Blätter – wie die Inder den

Betel – kauen und sich dadurch in einen euphorischen Zustand körperlicher Hochleistungsfähigkeit versetzen.

Kopf

Das Wort *Kopf* (mittelhochdeutsch, althochdeutsch *kopf*) war ursprünglich Gefäßbezeichnung für »Becher, Trinkschale«. Es beruht wohl (mit entsprechend englisch *cup* »Becher, Tasse«) auf einer Entlehnung aus spätlateinisch-gemeinromanisch *cuppa* »Becher«. Zur Körperteilbezeichnung wurde das Wort aufgrund einer vermittelnden, zuerst im Mittelhochdeutschen fassbaren, bildlich übertragenen Bedeutung »Hirnschale« (der Bedeutungsübergang erinnert an das Verhältnis von lateinisch *tēsta* »Platte, [Ton]schale« zu dem daraus hervorgegangenen französischen Substantiv *tête* »Kopf«). Im Neuhochdeutschen hat sich *Kopf* als Körperteilbezeichnung gegenüber dem heimischen Wort ☞ Haupt durchgesetzt, das heute meist nur noch in gehobener Sprache und im übertragenen Sinne üblich ist.

Körper

Das seit dem 13. Jahrhundert bezeugte Substantiv (mittelhochdeutsch *korper, körper*) ist aus lateinisch *corpus, corporis* »Körper, Leib; Masse; Gesamtheit, Körperschaft« entlehnt. Das Wort trat als Bezeichnung für den tierischen und menschlichen Körper an die Stelle des mit veränderter Bedeutung in ☞ Leiche bewahrten einheimischen Wortes althochdeutsch *līh* »Körper, Leib usw.«, mittelhochdeutsch *līch*.

Kraft

Die Herkunft des gemeingermanischen Wortes mittelhochdeutsch, althochdeutsch *kraft*, niederländisch *kracht*, englisch (mit der Bedeutung »Geschicklichkeit, Fertigkeit, List, Kunst,

Handwerk«) *craft*, schwedisch *kraft* ist nicht sicher gedeutet. Möglich ist der Zusammenhang mit der Wortgruppe um *Kringel* der indogermanischen Wurzel **ger-* »drehen, winden, sich zusammenziehen, verkrampfen« (vergleiche *Krampf*). Für den Ausdruck *Kraft* wäre dann die Vorstellung des Anspannens der Muskeln bestimmend gewesen. Vielleicht gehört es aber zu der Wortgruppe um *Krieg*.

krank

Mittelhochdeutsch *kranc* »schwach; schmal, schlank; schlecht, gering; nichtig; leidend, nicht gesund«, mittelniederdeutsch *kranc* »schwach; ohnmächtig; schlecht, gering«, niederländisch *krank* »schwach; unwohl, krank« gehören wohl im Sinne von »krumm, gekrümmt, gebeugt« zu der Wortgruppe um *Kringel*.
♦ Bis ins Spätmittelhochdeutsche galt für *krank* das alte gemeingermanische Adjektiv *siech*, das durch *krank* in die spezielle Bedeutung »(durch lange Leiden) hinfällig« abgedrängt wurde.

Krebs

Als Bezeichnung der Krankheit ist *Krebs* Bedeutungslehnwort nach lateinisch *cancer* und griechisch *karkínos* (vergleiche dazu medizinisch-fachsprachlich **Karzinom** »Krebsgeschwulst«). Die bösartige Geschwulst ist wohl so bezeichnet, weil sich beim Krebs der Brustdrüsen die Brustvenen zuweilen krebsscheren- oder krebsfußartig ausbreiten.

kreißen

Mittelhochdeutsch *krīʒen* »gellend schreien, kreischen, stöhnen«, mittelniederdeutsch *krīten* »schreien, heulen«, niederländisch *krijten* »schreien« sind lautnachahmenden Ursprungs (vergleiche dazu *kreischen*). Im 17. Jahrhundert wurde *kreißen*

vor allen Dingen auf das Schreien der gebärenden Frau bezogen und entwickelte so die Bedeutung »in Geburtswehen liegen«.
♦ Zusammensetzung: **Kreißsaal** »Entbindungsraum im Krankenhaus« (20. Jahrhundert).

Krise ....

Das seit dem 16. Jahrhundert bezeugte Wort ist aus griechisch *krísis* »Entscheidung, entscheidende Wendung« (daraus auch lateinisch *crisis*) entlehnt. Es erscheint anfänglich in der Form *Crisis* (vergleiche die noch heute gebräuchliche Nebenform **Krisis**) als Terminus der medizinischen Fachsprache zur Bezeichnung des Höhe- und Wendepunktes einer Krankheit. Im 18. Jahrhundert beginnt unter Einfluss von französisch *crise* der allgemeine Gebrauch des Wortes im Sinne von »entscheidende, schwierige Situation«, und es setzt sich als Hauptform allmählich *Krise* durch.

Kur ....

Das seit dem 16. Jahrhundert bezeugte Substantiv wurde aus lateinisch *cūra* »Sorge, Fürsorge, Pflege, Aufsicht usw.« in die medizinische Fachsprache übernommen. Dort gilt es seitdem im Sinne von »ärztliche Fürsorge und Betreuung« allgemein, späterhin speziell zur Bezeichnung eines Heilverfahrens bzw. einer unter ärztlicher Aufsicht durchgeführten Heilbehandlung. Zu lateinisch *cūra* gehören viele Ableitungen: lateinisch *cūrātor* »Fürsorger, Pfleger; Vorsteher, Leiter usw.« (vergleiche *Kurator*), lateinisch *curiosus* »voll Interesse, voll Sorgfalt, sorgsam; wissbegierig, neugierig« (vergleiche *kurios*), ferner die Bildungen lateinisch *accurāre* »mit Sorgfalt tun« (vergleiche *akkurat*), lateinisch *prōcūrāre* »Sorge tragen, pflegen; verwalten, Geschäftsführer sein« (vergleiche *Prokura*).

küssen ....

Das gemeingermanische Verb mittelhochdeutsch *küssen*, althochdeutsch *kussen*, niederländisch *kussen*, englisch *to kiss*, schwedisch *kyssa* ist lautmalenden Ursprungs. Es geht mit den (elementar)verwandten Verben gotisch *kukjan* »küssen« und zum Beispiel griechisch *kyneīn* »küssen«, hethitisch *kuu̯ašzi* »küsst« auf ein den Laut des Lippenkusses nachahmendes **ku-* zurück. Eine alte Rückbildung aus dem Verb ist **Kuss** (mittelhochdeutsch, althochdeutsch *kus*, niederländisch *kus*, englisch *kiss*, schwedisch *kyss*). ♦ Die Sitte des Küssens geht vermutlich von der Vorstellung aus, dass bei der Berührung der Lippen oder Nasen ein Austausch der im Atem gedachten Hauchseelen stattfindet. Älter als der Lippenkuss ist allem Anschein nach der Nasen- oder Schnüffelkuss, der bei einigen Völkern noch heute üblich ist. Vergleiche dazu altindisch *ghrā-* »schnüffeln, riechen« und »küssen«.

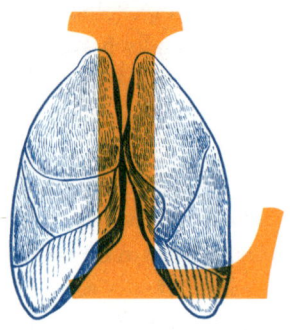

laufen

Der Ursprung des gemeingermanischen Verbs, das zunächst wahrscheinlich »(im Kreise) hüpfen, tanzen« bedeutete, ist nicht sicher geklärt. Mittelhochdeutsch *loufen*, althochdeutsch *(h)louf(f)an* »laufen« entsprechen gotisch *(us)hlaupan* »(auf) springen«, englisch *to leap* »springen, hüpfen«, schwedisch *löpa* »laufen«. Im heutigen deutschen Sprachgebrauch ist die mit dem Verb *laufen* verbundene Vorstellung der Schnelligkeit vielfach verblasst. Es wird auch im Sinne von »sich bewegen, gehen« und »in Gang sein, funktionieren« verwendet.

Lazarett

Die Bezeichnung für »Militärkrankenhaus« wurde bereits im 16. Jahrhundert durch Vermittlung von französisch *lazaret* aus gleichbedeutend italienisch *lazzaretto*, venezianisch *lazareto* entlehnt. Das Wort ist, wie die venezianische Variante *nazareto* zeigt, wahrscheinlich eine Ableitung vom Namen der venezianischen Kirche *Santa Maria di Nazaret*, in deren Umgebung im

15. Jahrhundert ein Hospital für Aussätzige untergebracht war. Den Wechsel im Anlaut verdankt das Wort dem Einfluss von älter italienisch *lazzaro* »aussätzig; Aussätziger« (ursprünglich der biblische Name des armen, kranken Lazarus).

leben

Das gemeingermanische Verb mittelhochdeutsch *leben*, althochdeutsch *lebēn*, gotisch *liban*, englisch *to live*, schwedisch *leva* ist eine Ableitung von dem Verb *bleiben* und gehört vermutlich im Sinne von »übrig bleiben« zu der vielfach erweiterten indogermanischen Wurzel *Leim* = *(s)lei-* »feucht, schleimig, klebrig sein, kleben (bleiben)«. Eine alte Substantivbildung ist das unter ☞ Leib »Körper« (früher »Leben«) behandelte Wort. An die Stelle von *Leib* in dessen alter Bedeutung »Leben« trat in althochdeutscher Zeit der substantivierte Infinitiv **Leben**.

> **Lebensfaden ❡ jemandem den Lebensfaden abschneiden**
> »jemanden zugrunde richten, töten« ♦ Diese Redewendung geht auf die alte Vorstellung von den Schicksalsgöttinnen zurück, die den Lebensfaden des Menschen spinnen und diesen bei seinem Tode durchschneiden.

Leber

Die gemeingermanische Körperteilbezeichnung der größten Drüse des menschlichen und tierischen Körpers (mittelhochdeutsch *leber[e]*, althochdeutsch *lebara*, niederländisch *lever*, englisch *liver*, schwedisch *lever*) ist vermutlich eine substantivierte Adjektivbildung zu der Wurzel um *bleiben*. Es vergleicht sich griechisch *liparós* »fett«, *lípos* »Fett, Öl«. Dies bezieht sich aber nicht, wie häufig vermutet, auf die Leber selbst, etwa als »die Fettige« im Sinne von »gemästeter Leber«, sondern auf die Eigenschaft der Leber als fettverarbeitendes Organ. Die mittelalterliche Vorstellung von der Leber als dem vor allem blutbildenden Organ und die daraus hervorgehende Deutung als »Sitz des Lebens« haben später zu einem volksetymologischen Anschluss an die Wortgruppe um ☞ leben geführt.

Leib ....

Das gemeingermanische Substantiv mittelhochdeutsch *līp*, althochdeutsch *līb*, niederländisch *lijf*, englisch *life* (»Leben«), schwedisch *liv* gehört zu dem unter ☞ leben behandelten Verb. Die alte Bedeutung »Leben«, die im Englischen und auch im Nordischen bewahrt ist, hielt sich im Deutschen bis in mittelhochdeutsche Zeit. An diese Bedeutung schließen sich mehrere Bildungen und Wendungen an, zum Beispiel **leibeigen** (15. Jahrhundert; hervorgegangen aus der mittelhochdeutschen Formel *mit dem lībe eigen* »mit dem Leben zugehörig«, dazu **Leibeigener** und **Leibeigenschaft**) und *beileibe nicht* »unter keinen Umständen« (eigentlich »bei Lebensstrafe nicht«). Auf die Verwendung des Wortes im Sinne von »Körper« beziehen sich zum Beispiel **leibhaft, leibhaftig, leiblich**.

Leiche ....

Mittelhochdeutsch *līch* »Körper, Leib; Leibesgestalt; Aussehen, Teint; toter Körper, Toter«, althochdeutsch *līh* »Körper, Leib; Fleisch, toter Körper«, gotisch *leik* »Körper, Leib; Fleisch; toter Körper«, altenglisch *līc* »Körper; toter Körper«, schwedisch *lik* »toter Körper, Toter« gehen zurück auf gemeingermanisch *līka-* »Körper, Gestalt«, dessen Ursprung unklar ist. Bereits in den alten Sprachstadien wurde das Wort als verhüllender

Ausdruck für den toten Körper bzw. für den toten Menschen gebraucht. Die eigentliche Bedeutung »Körper, Gestalt« ist bewahrt in *gleich* (ursprünglich »denselben Körper, dieselbe Gestalt habend«) und im Suffix *-lich* (eigentlich »die Gestalt habend«; vergleiche auch *solch* und *welch*).

leiden ....

Das im heutigen Sprachgebrauch im Sinne von »dulden, ertragen, Schmerz, Kummer empfinden« übliche Verb bedeutete früher »gehen, fahren, reisen«. Im Sinne von »dulden, Schmerz empfinden« ist althochdeutsch *līdan* vermutlich Rückbildung aus althochdeutsch *irlīdan* »erfahren, durchmachen« (neuhochdeutsch **erleiden**). Auf die Bedeutungsentwicklung hat vermutlich die christliche Vorstellung vom Leben des Menschen als einer Reise durch das irdische Jammertal eingewirkt. Später wurde das Verb *leiden* im Sprachgefühl mit dem nicht verwandten Substantiv *Leid* verbunden. ♦ Mittelhochdeutsch *līden*, althochdeutsch *līdan*, gotisch *-leiþan*, altenglisch *līðan*, altisländisch *līða* »gehen, fahren, reisen; vergehen« gehören mit verwandten Wörtern in anderen indogermanischen Sprachen zu einer Wurzel **leit(h)-* »gehen, dahingehen« (vergleiche zum Beispiel tocharisch A *lit-* »fortgehen«).

Lethargie ....

»krankheitsbedingte Schlafsucht (Medizin); Gleichgültigkeit, Trägheit, Teilnahms-, Interesselosigkeit«: Das Wort wurde als Krankheitsbezeichnung bereits im 16. Jahrhundert aus gleichbedeutend griechisch-lateinisch *lēthargía* entlehnt, aber erst im 18. Jahrhundert allgemein üblich. Griechisch *lēthargía* gehört zu griechisch *léthargos* »schlummerähnlicher Zustand«, das wohl ursprünglich ein aus griechisch *léthē* »Vergessen« und

griechisch *argós* (◂ **a-u̯ergós*) »untätig, träge« zusammenge-
setztes Adjektiv ist und demnach also eigentlich etwa »durch
Vergessen untätig oder träge« bedeutet.

link ....

Das seit mittelhochdeutscher Zeit bezeugte Adjektiv trat an die
Stelle des gemeingermanischen Wortes für »link«: mittelhochdeutsch *winster*, althochdeutsch *winistar*, altenglisch *win(e)-
stre*, altisländisch *vinstri*. Dieses Wort ist im Nordischen heute
noch gebräuchlich, vergleiche schwedisch *vänster* »link«. Im
Englischen wurde es durch *left* ersetzt, das eigentlich »lahm,
schwach« bedeutet. Auch mittelhochdeutsch *linc* entspricht
schwedisch *link* »lahm«, beachte schwedisch *linka* »hinken,
humpeln«, *slinka* »schwanken, schlottern, hinken« (vergleiche
dazu französisch *gauche* »link«, eigentlich »schwankend«). Die
germanischen Wörter gehen wahrscheinlich auf eine Form der
Wurzel **(s)le̅g-* »schlaff, matt sein« zurück. ♦ *Link* ist nicht nur
Gegenwort zu *recht*, es wird auch im Sinne von »unbeholfen,
ungeschickt« gebraucht. An diese Verwendung schließt sich die
Bildung **linkisch** (15. Jahrhundert) an. Aus dem Rotwelschen
stammt die Verwendung von *link* im Sinne von »fragwürdig,
schlecht, hinterhältig«, vergleiche auch *linke Geschäfte* oder
linker Vogel. ♦ Als Adverb fungiert seit dem 15. Jahrhundert der
Genitiv **links**. Im Anschluss an französisch *gauche* bezeichnet
das Wort **Linke** »linke Hand«, seit dem 19. Jahrhundert auch
die links vom Präsidenten sitzenden Parteien der Volksvertre-
tung, da in der französischen Restaurationszeit die Gegner der
Regierung ihre Plätze links vom Präsidenten einnahmen. Darauf beruht auch die Verwendung von *links* im Sinne von »zur
Linken, zu einer sozialdemokratischen, sozialistischen oder
kommunistischen Gruppierung gehörend«.

> **link ¶ mit dem linken Bein/Fuß (zuerst) aufgestanden sein**
>
> (umgangssprachlich) »schlecht gelaunt sein« ♦ Die Wendung wurzelt in der abergläubischen Auffassung, dass die linke Seite die Unglücksseite ist. Wer mit dem linken, dem falschen Bein aufsteht, dem geht alles schief, dem droht Unheil.

Lippe

Das aus dem Niederdeutsch-Mitteldeutschen stammende Wort erlangte durch MARTIN LUTHERS Bibelübersetzung seit dem 16. Jahrhundert gemeinsprachliche Geltung. Das oberdeutsche Wort für »Lippe« war früher *Lefze*, das heute im Sinne von »Tierlippe« gemeinsprachlich ist. Das westgermanische Wort (mitteldeutsch, mittelniederdeutsch *lippe*, niederländisch *lip*, englisch *lip*) bedeutet eigentlich »schlaff Herabhängendes« und gehört zu der Wortgruppe um *Schlaf*.

Locke

Das gemeingermanische Wort für »Haarringel, gekräuseltes Haar« (mittelhochdeutsch, althochdeutsch *loc*, niederländisch *lok*, englisch *lock*, schwedisch *lock*) gehört mit verwandten Wörtern in anderen indogermanischen Sprachen zu der Wurzel *leug-* »biegen, winden, drehen«.

Lunge

Das Substantiv bedeutet »die Leichte«. Die Bezeichnung geht demnach von der Beobachtung aus, dass das Atmungsorgan (geschlachteter Tiere) auf Wasser schwimmt, vergleiche zum Beispiel englisch *lights* (Plural) »Tierlunge« zu *light* »leicht«

und russisch *lëgkoje* »Lunge« zu *lëgkij* »leicht«. Die gemeingermanischen Körperteilbezeichnungen mittelhochdeutsch *lunge*, althochdeutsch *lunga*, *lungun(na)*, niederländisch *long*, englisch (Plural) *lungs*, *schwedisch lunga* gehören zu der indogermanischen Wurzel um *gelingen* = *le(n)gu̯h- »leicht«.

Lust ....

Die Herkunft des gemeingermanischen Wortes, mittelhochdeutsch, althochdeutsch *lust*, gotisch *lustus*, englisch *lust*, schwedisch *lust*, ist nicht geklärt. Wahrscheinlich gehört es im Sinne von »Neigung« zu dem germanischen starken Verb *lūtan* »sich niederbeugen, sich neigen« (vergleiche altenglisch *lūtan* »sich neigen, niederfallen«, altisländisch *lūta* »sich neigen, sich niederbeugen«). Außergermanisch ist zum Beispiel verwandt die baltoslawische Wortgruppe um litauisch *liūdnas* »traurig« (eigentlich »gebeugt, gedrückt«), *liūsti* »traurig sein«.

74

Magen

Die gemeingermanische Körperteilbezeichnung mittelhochdeutsch *mage*, althochdeutsch *mago*, niederländisch *maag*, englisch *maw*, schwedisch *mage* ist wahrscheinlich verwandt mit der baltischen Wortgruppe um litauisch *mãkas* »Beutel« und mit kymrisch *megin* »Blasebalg«. Demnach bezeichneten die Germanen also eigentlich den erweiterten Teil des Verdauungskanals als »Beutel«.

Mal

»durch Verfärbung, Erhöhung oder Vertiefung sich abhebende Stelle, Zeichen, Markierung«: Mittelhochdeutsch *mail, meil*, althochdeutsch *meil* »Fleck, Zeichen; Befleckung, Schande«, gotisch *mail* »Runzel«, englisch *mole* »Leberfleck, Muttermal« gehören mit verwandten Wörtern in anderen indogermanischen Sprachen zu einer Wurzel **mel-* in altindisch *mála* »Schmutz«, griechisch *mélās* »schwarz«, litauisch *mélynas* »blau«. Die neuhochdeutsche Form *Mal* entwickelte sich aus

75

der Vermischung von mittelhochdeutsch *mail, meil* »Zeichen, Fleck; Befleckung, Sünde, Schande« mit mittelhochdeutsch *māl* »Zeit(punkt); Mahlzeit« und mittelhochdeutsch *māl* »Zeichen, Punkt, Markierung, Ziel« (vergleiche *malen*). Das Wort spielt eine bedeutende Rolle in der Zusammensetzung, so zum Beispiel **Denkmal, Mahnmal** (20. Jahrhundert), **Merkmal** (17. Jahrhundert), **Muttermal** (16. Jahrhundert), **Wundmal** (mittelhochdeutsch *wuntmāl*, althochdeutsch *wuntmāli*).

Malaria

»Sumpffieber, Wechselfieber«: Die Bezeichnung der Krankheit ist im 19. Jahrhundert aus gleichbedeutend italienisch *malaria* (◀ *mala aria* »schlechte Luft; Sumpfluft«) entlehnt worden; man vermutete die Krankheitserreger in der (schlechten) Luft.

Manie

»Besessenheit, Leidenschaft; krankhaft übersteigerte Neigung«, auch als Grundwort von Zusammensetzungen wie zum Beispiel ☞ Kleptomanie: Das Substantiv wurde im 16. Jahrhundert als medizinischer Fachbegriff aus griechisch-lateinisch *manía* »Raserei, Wahnsinn« entlehnt, das zu griechisch *maínesthai* (◀ **mán-iesthai*) »rasen, toben, von Sinnen sein, verzückt sein« gehört. ♦ Griechisch *maínesthai* stellt sich zu der umfangreich entwickelten Wortfamilie der indogermanischen Wurzel **men-* »denken; geistig erregt sein«. Aus dem Griechischen gehören hierzu unter anderem noch das Verb *mnāsthai* »sich erinnern« (vergleiche *Amnestie*).

Mann

Das gemeingermanische Wort mittelhochdeutsch, althochdeutsch *man*, gotisch *manna*, englisch *man*, schwedisch *man* geht mit verwandten Wörtern in anderen indogermanischen Sprachen auf *manu- oder *monu- »Mensch, Mann« zurück, vergleiche zum Beispiel altindisch *mánuḥ* »Mensch, Mann«, *Manuṣ* »Stammvater der Menschheit«. Welche Vorstellung dieser Bezeichnung des Menschen zugrunde liegt, ist nicht sicher zu klären. Vielleicht handelt es sich bei dem Wort um eine Bildung zu der indogermanischen Verbalwurzel *men(ə)- »überlegen, denken«. Dann wäre der Mensch als »Denkender« bezeichnet worden (vergleiche dazu altindisch *mánu-ḥ* »klug, denkend«). Möglich ist aber auch die Herkunft aus *men- »hervorragen« (vergleiche lateinisch *mons* »Berg«) im Sinne von »aufrecht gehendes Wesen«. ♦ Im heutigen Sprachgebrauch wird das Wort *Mann* in der umfassenden Bedeutung »Mensch« hauptsächlich nur noch in bestimmten Formeln verwendet, so zum Beispiel *mit Mann und Maus* und *etwas an den Mann bringen*. Diese umfassende Bedeutung bewahrt auch das unbestimmte Pronomen *man* (vergleiche zum Beispiel dazu *jemand, niemand, jedermann*). Sonst wird *Mann* im Sinne von »Mensch männlichen Geschlechts« (im Gegensatz zu Frau), »erwachsener Mensch männlichen Geschlechts« (im Gegensatz zu Kind, Junge) und »Ehegatte« verwendet.

Masern

Die seit dem 16. Jahrhundert bezeugte Bezeichnung des meist rötlichen, grobfleckigen Hautausschlags ist wahrscheinlich der Plural des Wortes *Maser* »(flammende) Zeichnung des Holzes«. Die Bezeichnung der Kinderkrankheit, die sich von Norddeutschland her ausgebreitet hat, kann beeinflusst sein von niederdeutsch *maseln* »Masern« (vergleiche mittelniederdeutsch *masel[e]* »Pustel, Pickel«, mittelhochdeutsch *masel*, althochdeutsch *masala* »Blutgeschwulst«).

massieren

»den menschlichen Körper zur Kräftigung durch gekonnte Handgriffe streichen, reiben, kneten, klopfen usw.«: Das Verb wurde Ende des 18. Jahrhunderts aus gleichbedeutend französisch *masser* entlehnt, das wahrscheinlich auf arabisch *massa* »berühren, betasten« zurückgeht, wie denn auch die Praktik des Massierens aus dem Orient stammt.

matt

Das bereits seit mittelhochdeutscher Zeit bezeugte Adjektiv (mittelhochdeutsch *mat*) ist ursprünglich, wie auch heute noch, ein Fachausdruck des Schachspiels, der besagt, dass der (gegnerische) König geschlagen und damit die Partie entschieden ist. Das Wort stammt, wie das Schachspiel selbst und einige andere Fachausdrücke des Schachspiels, aus dem Orient. Quelle ist arabisch *māta* »gestorben, tot« in der Fügung *šāh māta* »der König ist tot« (vergleiche dazu unser *schachmatt*, schon mittelhochdeutsch *schāch unde mat*). Das Wort gelangte ins Deutsche durch romanische Vermittlung (vergleiche dazu entsprechend italienisch *scacco matto*, französisch *échec et mat*, spanisch *jaque y mate*). ♦ Bereits seit dem 13. Jahrhundert wird das Adjektiv *matt* (mittelhochdeutsch *mat*) auch allgemein im Sinne von »entkräftet, kraftlos, schwach«, dann auch in der Bedeutung »glanzlos, trübe« gebraucht.

meditieren

»nachdenken; sinnend betrachten«: Das seit dem 14. Jahrhundert bezeugte Verb ist aus gleichbedeutend lateinisch *meditārī* entlehnt, das mit einer ursprünglichen Bedeutung »ermessen, geistig abmessen« zu der Wortgruppe der indogermanischen Wurzel **med-* »messen; ermessen« gehört. Dazu **Meditation**

»religiöse Versenkung; Nachdenken« aus lateinisch *meditātio* (16. Jahrhundert).

Medizin ....

»Heilkunde; Heilmittel, Arznei«: Das Substantiv wurde erst im 15. Jahrhundert aus gleichbedeutend lateinisch *(ars) medicīna* entlehnt, einer Ableitung von lateinisch *medicus* »Arzt«. Dies gehört mit lateinisch *medērī* »heilen« zu der Wortgruppe um *Mal* mit Bedeutungen wie zum Beispiel »messen; ermessen«, auch »Rat wissen« bzw. »klug ermessender, weiser Ratgeber; Heilkundiger« (vergleiche dazu zum Beispiel awestisch *vī-mad-* »Heilkundiger, Arzt« und griechisch *Mēdos, Médē, Agamédē* »Heilgottheiten«).

Melancholie ....

»Schwermut, Trübsinn«: Der Begriff wurde schon bereits im 14. Jahrhundert (mittelhochdeutsch *melancolie, melancolei*) aus gleichbedeutend lateinisch *melancholia* entlehnt, das seinerseits aus griechisch *melag-cholía* übernommen ist. Das griechische Wort bedeutet wörtlich »Schwarzgalligkeit« (zu griechisch *mélās* »schwarz« und *cholḗ* »Galle«). Nach älteren medizinischen Anschauungen galt die Schwermut als Folge einer durch den Übertritt von verbrannter schwarzer Galle in das Blut verursachten Erkrankung.

Meniskus ....

Der medizinische Fachausdruck für den scheibenförmigen Zwischenknorpel im Kniegelenk ist eine gelehrte Entlehnung des frühen 19. Jahrhunderts aus griechisch *mēnískos* »Möndchen; Mondsichel«, einer Verkleinerungsbildung zu griechisch *mḗnē* »Mond«.

menstruieren

»die Monatsblutung haben«: Das Verb ist eine Entlehnung des 19. Jahrhunderts der medizinischen Fachsprache aus gleichbedeutend spätlateinisch *mēnstruāre*. Stammwort ist lateinisch *mēnsis* »Monat; Monatsfluss«, das zu der indogermanischen Wortfamilie um *Mond* gehört. Lateinisch *mēnsis* ist auch in *Semester* enthalten.

Migräne

Der Ausdruck für »halbseitig, einseitig auftretender, heftiger Kopfschmerz« wurde um 1700 als medizinisches Fachwort aus gleichbedeutend französisch *migraine* entlehnt. Dies geht auf lateinisch *hēmicrānia* zurück, das aus griechisch *hēmikrānía* »Kopfschmerz an einer Kopfhälfte« stammt, einer Bildung aus griechisch *hēmi-* »halb« und griechisch *krāníon* »Schädel«.

Milz

Die gemeingermanische Körperteilbezeichnung mittelhochdeutsch *milze*, althochdeutsch *milzi*, niederländisch *milt*, englisch *milt*, schwedisch *mjälte* gehört zu der Wortgruppe um das Verb *schmelzen*. Die Milz ist »die Auflösende«, weil man dem lymphatischen Organ die Fähigkeit des Auflösens der Speisen zuschrieb.

Morpheus

Der Name des altgriechischen Gottes der Träume (griechisch *Morpheús* ▸ lateinisch *Morpheus*) ist in deutschen Texten seit dem 17. Jahrhundert bezeugt. Besonders bekannt ist die Wendung *in Morpheus' Armen* »im Land seliger Träume, im süßen Schlaf«. Eine neulateinische Bildung zu griechisch *Morpheús* liegt vor in **Morphium** (ab 1806), der allgemeinsprachlichen

Bezeichnung des *Morphins* (Hauptalkaloid des Opiums), das nach seiner einschläfernden und schmerzstillenden Wirkung bezeichnet ist. ♦ Dazu: **Morphinist** »Morphiumsüchtiger« (Ende 19. Jahrhundert).

müde

Das gemeingermanische Adjektiv mittelhochdeutsch *müede*, althochdeutsch *muodi*, niederländisch *moede*, altenglisch *mǣđe*, altisländisch *mōđr* ist eine Bildung zu dem Verb *mühen* und bedeutet eigentlich »sich gemüht habend«.

Mumps

Die seit Anfang des 19. Jahrhunderts bezeugte Bezeichnung für die meist harmlos verlaufende ansteckende Entzündung der Ohrspeicheldrüse – dafür im Volksmund Bezeichnungen wie *Bauernwetzel* und *Ziegenpeter* – ist aus dem Englischen entlehnt. Das englische Wort *mumps* ist vermutlich verwandt mit dem ursprünglich lautmalenden Verb *to mump* »stumm und verdrießlich sein, einen niedergeschlagenen Eindruck machen« (älter: »brummeln«) und bezeichnet dann eigentlich die mit dieser Krankheit verbundene verdrießliche Stimmung.

Mund

Das gemeingermanische Substantiv mittelhochdeutsch *munt*, althochdeutsch *mund*, gotisch *munþs*, englisch *mouth*, schwedisch *mun* ist doppeldeutig. Es kann einerseits mit lateinisch *mentum* »Kinn« und kymrisch *mant* »Kinnlade, Mund« verwandt sein und würde dann ursprünglich »Kinn(lade)« bedeutet haben, andererseits kann es im Sinne von »Kauer« zur indogermanischen Wurzel *menth- »kauen« gehören (vergleiche zum Beispiel lateinisch *mandere* »kauen«).

Muskel ....

Die im Deutschen seit Anfang des 18. Jahrhunderts bezeugte Bezeichnung der fleischigen Teile des tierischen oder menschlichen Körpers, die durch Zusammenziehung und Erschlaffung Bewegung vermitteln, ist aus lateinisch *mūsculus* »Muskel« entlehnt. Dies ist eine Verkleinerungsbildung zu lateinisch *mūs* »Maus« und bedeutet demnach eigentlich »Mäuschen«. Die Bedeutungsübertragung des Wortes, die wahrscheinlich auf einem Vergleich der unter der Haut zuckenden Muskeln mit einer laufenden Maus beruht, findet sich entsprechend auch in anderen Sprachen. Vergleiche dazu zum Beispiel griechisch *mȳs* »Maus; Muskel« und deutsch *Maus* im Sinne von »Muskel an Arm und Fuß« (schon althochdeutsch), insbesondere »Muskelballen des Daumens«. ♦ Lateinisch *mūsculus* wurde auch in der Bedeutung »Miesmuschel« gebraucht; in diesem Sinne ist es die Quelle für *Muschel*.

Nase

Die germanischen Bezeichnungen des Geruchsorgans mittelhochdeutsch *nase*, althochdeutsch *nasa*, niederländisch *neus*, englisch *nose*, schwedisch *näsa* beruhen auf indogermanisch **nas-* »Nase«, ursprünglich wahrscheinlich »Nasenloch« (vergleiche zum Beispiel hierzu altindisch *nā́sa* Nominativ Dualis »Nase«, eigentlich »die beiden Nasenlöcher«), und können zu indogermanisch **anə* »atmen« gehören.

Nerv

»Strang, der der Reizleitung zwischen Gehirn, Rückenmark und Körperorgan dient«: Das in deutschen Texten seit dem 16. Jahrhundert bezeugte Substantiv ist aus lateinisch *nervus* »Sehne, Flechse; Band; Muskelband« (urverwandt mit gleichbedeutend griechisch *neūron*; vergleiche *neuro-, Neuro-*) entlehnt. Es trat zuerst in der allgemeinen Bedeutung »Sehne, Flechse« auf. Der medizinische Gebrauch des Wortes zur Bezeichnung der aus Ganglienzellen bestehenden Körperfasern, die die Reizleitung zwischen Gehirn, Rückenmark und Körperorganen besorgen, entwickelte sich im 18. Jahrhundert, zuerst wohl im Englischen. Seit dem 17. Jahrhundert gilt Nerv auch im übertragenen Sinne von »innere Kraft, Gehalt, Wesen; kritische Stelle«.

nüchtern

Das Adjektiv mittelhochdeutsch *nüchtern*, althochdeutsch *nuohturn*, *nuohtarnīn* war ursprünglich ein Klosterwort und bedeutete »noch nichts gegessen oder getrunken habend«. Der erste Gottesdienst in den Klöstern wurde in der Frühe vor der Einnahme der Morgenmahlzeit abgehalten. Althochdeutsch *nuohturn* ist aus lateinisch *nocturnus* »nächtlich« (vergleiche *Nacht*) entlehnt und nach althochdeutsch *uohta* »Morgendämmerung« umgestaltet. Bereits seit mittelhochdeutscher Zeit ist das Adjektiv auch Gegenwort zu *betrunken*. Dazu **ausnüchtern** »sich vom Zustand der Trunkenheit erholen« (17. Jahrhundert). Heute wird es auch im Sinne von »schwunglos, langweilig« und im Sinne von »besonnen« verwendet.

Obduktion

»Leichenöffnung«: Das seit dem 18. Jahrhundert bezeugte medizinische Fachwort geht auf lateinisch *obductio* »das Verhüllen, das Bedecken« zurück. Die merkwürdige Bedeutungsumkehrung ist vermutlich vom Abschluss der Obduktion her zu verstehen, wo die geöffnete Leiche mit Tüchern wieder abgedeckt und verhüllt wird.

Onanie

Die in der medizinischen Fachsprache des 18. Jahrhunderts aus dem Englischen übernommene Bezeichnung für die geschlechtliche Selbstbefriedigung (älter englisch *onania*, heute englisch *onanism*) ist eine gelehrte Bildung zum Namen der biblischen Gestalt *Onan* (1. Mose 38; der dort beschriebene Vorfall, dass Onan sich geweigert habe, seinem verstorbenen Bruder Kinder zu zeugen und deshalb seinen Samen auf die Erde verspritzt habe, wurde dabei fälschlich als Selbstbefriedigung angesehen).

operieren

Das bereits seit der 1. Hälfte des 16. Jahrhunderts bezeugte Verb erscheint anfangs mit der allgemeinen Bedeutung »verfahren, handeln; wirken (besonders von Arzneien)«, die auch im heutigen Sprachgebrauch noch lebendig ist. Schon früh gelangte das Wort auch in die medizinische Fachsprache, wo es in der speziellen Bedeutung »einen chirurgischen Eingriff vornehmen« gebraucht wird. Quelle des Wortes ist lateinisch *operārī* »werktätig sein, arbeiten, beschäftigt sein, sich abmühen« (daneben im sakralen Bereich »der Gottheit durch Opfer dienen«; vergleiche *opfern*), das als Ableitung zu lateinisch *opera* »Mühe, Arbeit; erarbeitetes Werk« (vergleiche dazu *Oper*) oder zu dem stammverwandten Substantiv lateinisch *opus (operis)* »Arbeit, Beschäftigung; erarbeitetes Werk« (vergleiche *Opus*) gehört.

Opium

Die Bezeichnung für das aus dem Milchsaft des Schlafmohns gewonnene Rauschgift und Betäubungsmittel wurde bereits im 15. Jahrhundert aus lateinisch *opium* »Mohnsaft, Opium« entlehnt, das aus gleichbedeutend griechisch *ópion* übernommen ist. Dies ist eine Verkleinerungsbildung zu griechisch *opós* »Pflanzenmilch«.

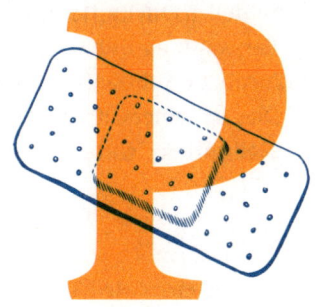

Patient

Die Bezeichnung für einen Kranken in ärztlicher Behandlung wurde im 16. Jahrhundert substantiviert aus lateinisch *patiēns (patiēntis)* »(er)duldend, leidend« (vergleiche *Passion*).

Pflaster

Das Substantiv (mittelhochdeutsch *pflaster*, althochdeutsch *phlāstar* »Wundpflaster; Zement, Mörtel, zementierter Fußboden; Straßenpflaster«; entsprechend mittelniederländisch *pla[e]ster*, englisch *plaster*) ist aus mittellateinisch *(em)plastrum* »Wundpflaster; aufgetragener Fußboden- oder Straßenbelag« entlehnt, das auf lateinisch *emplastrum* »Wundpflaster« zurückgeht. Dies ist aus griechisch *émplast(r)on (phármakon)* »das Aufgeschmierte, die zu Heilzwecken aufgetragene Salbe, der Salbenverband« übernommen. Das griechische Wort gehört zum Verb *em-plássein* »aufschmieren, bestreichen«, einer Bildung zu griechisch *plássein* »aus weicher Masse formen, bilden, gestalten« (vergleiche *plastisch*).

Pharmazie

»die Wissenschaft von den Arzneimitteln, ihrer Herstellung, Zusammensetzung, Verwendung usw.«: Das bereits seit dem 15. Jahrhundert gebräuchliche Substantiv ist aus spätlateinisch *pharmacia* entlehnt. Dies ist seinerseits aus griechisch *pharma-keía* »Gebrauch von Heilmitteln, Giften, Zaubermitteln; Arznei« übernommen.

Placebo

»wirkstofflose Nachahmung eines Medikaments«: Das seit dem 18. Jahrhundert als medizinischer Terminus bezeugte Wort wird erst im 20. Jahrhundert aus englisch *placebo* ins Deutsche entlehnt. Es geht zurück auf Psalm 116,9 *placebo Domino in regione vivorum* »ich werde dem Herrn gefallen im Land der Lebenden«. Weil der Vers als Bestandteil der Totenandacht im 14. Jahrhundert auch von Begräbnischören gegen Bezahlung gesungen wurde, galt dieses *Placebo* später als eine unechte Ersatzleistung. Lateinisch *placebo* »ich werde gefallen« gehört zum Verb lateinisch *placere* »gefallen«.

Poliklinik

Die Bezeichnung für die einer Klinik angegliederte Abteilung für ambulante Krankenbehandlung ist eine gelehrte Bildung des 19. Jahrhunderts aus griechisch *pólis* »Stadt« (vergleiche dazu *Politik*) und *klīnikḗ téchnē* »Heilkunst für bettlägerige Kranke« (vergleiche *Klinik*). Das Wort bedeutet also eigentlich »Stadtkrankenhaus«.

Psyche

»Seele; Seelenleben; Wesen, Eigenart«: Das seit dem 17. Jahrhundert – zunächst als Name eines schönen jungen Mädchens der griechischen Mythologie – bezeugte, seit dem Anfang des 19. Jahrhunderts dann fachsprachlich und gemeinsprachlich gebräuchliche Wort ist aus griechisch *psychḗ* »Hauch, Atem; Seele (als Träger bewusster Erlebnisse)« entlehnt.

Puls

»Anstoß der durch den Herzschlag fortgeleiteten Blutwelle an den Gefäßwänden«: Das Wort wurde in mittelhochdeutscher Zeit (mittelhochdeutsch *puls*) als Fachausdruck mittelalterlicher Heilkunst aus gleichbedeutend mittellateinisch *pulsus (vēnārum)* entlehnt, das auf lateinisch *pulsus* »das Stoßen, das Stampfen, der Schlag« beruht. Dies ist eine Bildung zu lateinisch *pellere (pulsum)* »schlagen, stoßen; in Bewegung setzen, antreiben usw.«, das zu der Wortfamilie der indogermanischen Wurzel **pel-* »stoßend oder schlagend in Bewegung setzen« gehört. Das lateinische Verb ist außerdem Ausgangspunkt für *Appell, Impuls* und *Propeller*.

Pupille

Die Bezeichnung für das Sehloch in der Regenbogenhaut des Auges wurde im 18. Jahrhundert aus gleichbedeutend lateinisch *pūpilla* entlehnt, das als Verkleinerungsbildung zu lateinisch *pūpa* »Mädchen« (vergleiche *Puppe*) eigentlich »kleines Mädchen, Püppchen« bedeutet. Die Bedeutungsübertragung – nach dem Vorbild von griechisch *kórē* »Mädchen; Pupille« – geht davon aus, dass sich der Betrachter in den Augen seines Gegenübers als Püppchen spiegelt.

 — ‹‹‹ P ›››—

Quacksalber

Der verächtliche Ausdruck für »schlechter Arzt; Person, die stümperhaft eine ärztliche Tätigkeit ausübt« wurde im 16. Jahrhundert aus niederländisch *kwakzalver* entlehnt, das eigentlich etwa »prahlerischer Salbenverkäufer« bedeutet. Der erste Bestandteil des niederländischen Wortes gehört zu niederländisch *kwakken* »schwatzen, prahlen« (vergleiche *quaken*), der zweite zu *zalven* »salben« (vergleiche *Salbe*).

Qual

Die Substantivbildungen mittelhochdeutsch *quāl(e)*, althochdeutsch *quāla*, niederländisch *kwaal*, schwedisch *kval* gehören zu dem Verb *quelan* »Schmerz empfinden, leiden«, altenglisch *cwelan* »sterben«. Die germanische Wortgruppe geht mit verwandten Wörtern in anderen indogermanischen Sprachen, vergleiche zum Beispiel litauisch *gélti* »(stechend) schmerzen; stechen«, auf die Wurzel *$g\underset{.}{u}el$-* »stechen« zurück.

Quarantäne

Der Ausdruck für »Absperrung eines Infektionsgebietes (als Schutzmaßnahme); räumliche Absonderung (Ansteckungsverdächtiger); Sperrmaßnahme (vor allem gegenüber Schiffen)« wurde im 17. Jahrhundert aus französisch *quarantaine* entlehnt. Das französische Wort, das von französisch *quarante* »vierzig« (◄ vulgärlateinisch *quarranta* = klassisch-lateinisch *quadrāginta* »vierzig«) abgeleitet ist, bedeutet eigentlich »Anzahl von vierzig (Tagen)«. Die Bedeutung »Isolierung, Absperrung« bezieht sich auf die Tatsache, dass man früher Schiffe, die pest- oder seuchenverdächtige Personen an Bord hatten, mit einer vierzigtägigen Hafensperre belegte.

Quaste

Mittelhochdeutsch *quast(e)* »Büschel, Wedel; Laubbüschel des Baders, Badewedel; Federbüschel als Helmschmuck« (daneben *queste*, althochdeutsch *questa*), niederländisch *kwast* »Wedel, Büschel; Pinsel« und die nordische Sippe von schwedisch *kvast* »Besen; Doldentraube« gehen zurück auf germanisch **kwastu-*, **kwasta-* »Laubbüschel, Reisigwedel«. Das Wort scheint bereits in germanischer Zeit speziell den Laub- bzw. Reisigwedel, mit dem die Badenden gepeitscht wurden, bezeichnet zu haben, vergleiche dazu das aus dem Germanischen entlehnte finnisch *vasta* »Badewedel; Besenreis«. Die germanische Wortgruppe geht mit verwandten Wörtern in anderen indogermanischen Sprachen auf eine mehrfach erweiterte Wurzel **gʷes-* »Laubwerk, Gezweig« zurück, vergleiche dazu auch lateinisch *vespices* (Plural) »dichtes Gesträuch«.

rasieren

»den Bart wegnehmen«: Das Verb wurde im 17. Jahrhundert durch Vermittlung von niederländisch *raseren* aus französisch *raser* »kahlscheren, rasieren« entlehnt. Der französische Einfluss in der Körperpflege im Allgemeinen und in der Haar- und Bartpflege im Besonderen zeigt sich auch in zahlreichen anderen Wörtern, die ungefähr im gleichen Zeitraum ins Deutsche übernommen wurden (so zum Beispiel *frisieren, Maniküre, Parfüm, Pediküre, Perücke, Pomade, Puder*). Französisch *raser* beruht auf vulgärlateinisch **rasare,* einer Intensivbildung zu lateinisch *rādere (rāsum)* »kratzen, schaben; abscheren; darüber hinstreichen« (vergleiche *radieren*).

Reiki

Der Ausdruck für das »Händeauflegen als Heilkunst« wurde mit der Sache selbst in der 2. Hälfte des 20. Jahrhunderts aus dem Japanischen übernommen. Ursprünglich bedeutet es im Japanischen »universelle Energie«.

Rezept

Die schriftlichen Anweisungen an den Apotheker über Zusammenstellung und Verabreichung von Arzneimitteln pflegte der Arzt früher mit der Einleitungsformel *recipe* »nimm« zu versehen, von lateinisch *recipere* »(zurück-, auf)nehmen« (vergleiche *rezipieren*). Zur Bestätigung, dass die Anweisung ausgeführt sei, vermerkte der Apotheker seinerseits *receptum* »genommen, verwendet«. Daraus entwickelte sich bereits im 14. Jahrhundert das Substantiv *Rezept* im Sinne von »Arzneiverordnung«. Das Substantiv wurde schnell volkstümlich, seit dem 16. Jahrhundert auch übertragen im Sinne von »Lösung, Heilmittel« (vergleiche auch Zusammensetzungen wie *Erfolgsrezept* oder *Patentrezept*) verwendet. Seit dem 18. Jahrhundert ist *Rezept* auch in der Bedeutung »Back-, Kochanweisung« gebräuchlich.

Rheumatismus

»schmerzhafte Erkrankung der Gelenke, Muskeln, Sehnen, Nerven«: Die Krankheitsbezeichnung ist aus gleichbedeutend lateinisch *rheumatismus* entlehnt, das seinerseits aus griechisch *rheumatismós* übernommen ist. Dies ist eine Bildung zu griechisch *rheûma* »Fluss, Strömung«, auch: »Rheumatismus«. Es gehört zu griechisch *rheîn* »fließen, strömen« (vergleiche hierzu *Rhythmus*) und bedeutet eigentlich »das Fließen«. Zur Krankheitsbezeichnung wurde es, weil nach antiken medizinischen Vorstellungen der Rheumatismus von im Körper »herumfließenden« Krankheitsstoffen verursacht wird.

riechen

Das gemeingermanische starke Verb mittelhochdeutsch *riechen*, althochdeutsch *riohhan*, niederländisch *rieken*, altenglisch *rēocan*, schwedisch *ryka* hat keine außergermanischen Entsprechungen. Es bedeutet zunächst (so noch heute im Nordischen) »rauchen, dampfen, stieben, dunsten«, dann auch »ausdünsten, einen Geruch absondern, riechen«. Im Deutschen wird *riechen* seit mittelhochdeutscher Zeit auch im Sinne von »einen Geruch wahrnehmen, wittern« verwendet. Um *riechen* gruppieren sich die Bildungen *Rauch*, *rauchen* und *Geruch*.

robust

»stämmig, vierschrötig; stark; widerstandsfähig, unempfindlich, derb«: Das Adjektiv wurde im 18. Jahrhundert – wohl unter dem Einfluss von entsprechend französisch *robuste* – aus gleichbedeutend lateinisch *rōbustus* entlehnt. Dies bedeutet eigentlich »aus Hartholz, aus Eichenholz, eichen« und ist von lateinisch *rōbur* (altlateinisch *robus*) »Kernholz; Kernholzbaum, Eiche« abgeleitet.

Rücken

Das gemeingermanische Substantiv mittelhochdeutsch *rück(e)*, *ruck(e)*, althochdeutsch *(h)ruggi*, niederländisch *rug*, altenglisch *hrycg* (englisch *ridge* »[Berg]rücken, Grat«), schwedisch *rygg* gehört im Sinne von »Krümmung« zu der indogermanischen Wortgruppe um *schräg*. Näher verwandt sind litauisch *kriáuklas* »Rippe; Geripp«, lettisch *kruknêt* »gekrümmt sitzen, kauern« und altindisch *krúñcati* »krümmt sich«. ♦ Aus der Verbindung althochdeutsch, mittelhochdeutsch *ze rucke* »nach dem Rücken, auf den Rücken, im Rücken« hat sich das Adverb **zurück** »rückwärts; (nach) hinten, hinter; wieder her« entwickelt.

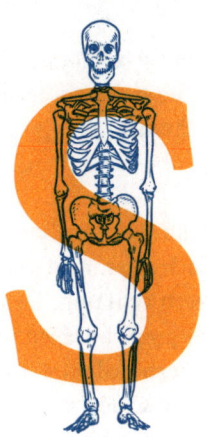

saufen

Das gemeingermanische Verb mittelhochdeutsch *sūfen*, althochdeutsch *sūfan*, niederländisch *zuipen*, englisch *to sup*, schwedisch *supa* gehört mit verwandten Wörtern in anderen indogermanischen Sprachen zur vielfach weitergebildeten und erweiterten indogermanischen Wurzel **seu-*, **seu̯ə-* »saugen; schlürfen; ausquetschen«, vergleiche zum Beispiel altindisch *sunóti* »presst aus, keltert«, *sóma-* »Opfertrank, Soma«, *sū́pa-* »Brühe; Suppe«, lateinisch *sūgēre* »saugen«, *sūcus* »Saft« und litauisch *sulà* »Birkensaft, abfließender Baumsaft«.

Scharlatan

Der verächtliche Ausdruck für einen »Schwätzer, Schwindler, Aufschneider; Quacksalber, Kurpfuscher« wurde im 17. Jahrhundert über französisch *charlatan* aus gleichbedeutend italienisch *ciarlatano* entlehnt. Das italienische Wort selbst ist unter dem Einfluss von italienisch *ciarlare* »schwatzen« aus italienisch *cerretano* »Kurpfuscher; Marktschreier« umgestaltet.

Letzteres bedeutet eigentlich »Mann aus der Stadt Cerreto«. Die Einwohner dieser Stadt waren bekannt als marktschreierisch herumziehende Händler.

Schlaf

Das gemeingermanische Substantiv mittelhochdeutsch, althochdeutsch *slāf*, gotisch *slēps*, niederländisch *slaap*, englisch *sleep* stellt sich zum Verb **schlafen**: mittelhochdeutsch *slāfen*, althochdeutsch *slāfan*, gotisch *slēpan*, niederländisch *slapen*, englisch *to sleep*. Das Verb bedeutet »schlapp, matt werden« und ist mit dem Adjektiv *schlaff* verwandt, vergleiche das zu *Schlaf* gehörende altisländische *slāpr* »träger Mensch«. Die zugrunde liegende indogermanische Wurzel **(s)lĕb-*, **(s)lāb-* »schlaff (herabhängend)« hat sich besonders im Germanischen reich entwickelt. Im deutschen Wortschatz stellen sich zu ihr zum Beispiel die Wörter *Lappen* »herabhängendes Zeugstück«, *Lippe* (eigentlich »Herabhängendes«), mit übertragenem Sinn *läppisch*, *Schlampe* und wohl auch *labb(e)rig*.

Schläfe

Die Bezeichnung der zwischen Auge und Ohr oberhalb der Wange liegenden Schädelregion (älter neuhochdeutsch *Schlaf*) mittelhochdeutsch, althochdeutsch *slāf*, niederländisch *slaap* ist ursprünglich dasselbe Wort wie ☞ Schlaf. Erst seit dem 18. Jahrhundert wird der Plural *Schläfe* als Singular gebraucht. Weil die Schlafenden meist auf einer der beiden Schläfen ruhen, sind die Schläfen der »Sitz des Schlafes«.

Schleim

Das gemeingermanische Substantiv mittelhochdeutsch *slīm*, niederländisch *slijm*, englisch *slime*, altisländisch *slīm* gehört mit althochdeutsch *slīmen* »glatt machen« und verwandten Wörtern in anderen indogermanischen Sprachen (zum Beispiel griechisch *leímāx*, russisch *slimak* »Schnecke«) zur Wortgruppe um *Leim*. Die ältere Bedeutung ist »Schlamm, klebrige Flüssigkeit«; seit dem 17. Jahrhundert ist das Wort auf den medizinischen Sprachgebrauch eingeschränkt worden.

schmecken

Das Verb mittelhochdeutsch *smecken* »kosten, wahrnehmen; riechen, duften« wurde in neuhochdeutscher Schriftsprache auf den eigentlichen Geschmackssinn begrenzt. Im Althochdeutschen stand *smecken* »Geschmack empfinden« neben *smakkēn* »Geschmack von sich geben«. Dazu das Substantiv mittelhochdeutsch, althochdeutsch *smac* (neuhochdeutsch ☞ Geschmack) mit der Ableitung **schmackhaft** (mittelhochdeutsch *smachaft* »wohlschmeckend, -riechend«). Die Wortgruppe, zu der noch u. a. altenglisch *smæccen* »schmecken« und englisch *smack* »Geschmack« gehören, geht zurück auf die indogermanische Wurzel **smeg(h)-* »schmecken«, die sonst nur im Litauischen erscheint, vergleiche litauisch *smagùris* »Zeige-, Leckfinger«, *smaguriáuti* »naschen«.

Schock

Das im 18. Jahrhundert aus dem Französischen entlehnte Wort bezeichnet im Allgemeinen eine starke seelische Erschütterung, eine Erschütterung des Nervensystems. Diese kann natürliche Ursachen (Verletzung, belastendes Erlebnis) haben, sie kann aber auch zum Zwecke einer psychiatrischen Heilbehandlung künstlich herbeigeführt sein (vergleiche Zusammensetzungen wie **Schockbehandlung, Elektroschock**). ♦ Französisch *choc* »Stoß, Schlag; Erschütterung«, das auch ins Englische entlehnt wurde (vergleiche dazu gleichbedeutend englisch *shock*), ist eine Bildung zu französisch *choquer* »anstoßen; beleidigen«, aus dem im 17. Jahrhundert **schockieren** »einen Schock versetzen; beleidigen; bestürzt machen, sittlich entrüsten« entlehnt wurde. Das französische Verb seinerseits stammt vermutlich aus mittelniederländisch *schokken* »stoßen«.

schöpfen

»Flüssigkeit entnehmen«: Das Verb mittelhochdeutsch *schepfen*, *scheffen*, althochdeutsch *scepfen* kann mit dem ehemals gleichlautenden starken Verb für »erschaffen« identisch sein, denn der semantische Aspekt des Hervorbringens ist sowohl für das Erschaffen als auch für das Schöpfen (von Wasser) grundlegend. Dazu das nur übertragen gebrauchte **erschöpfen** »vollständig verbrauchen, aufbrauchen; ermatten, völlig ermüden« (mittelhochdeutsch *erschepfen* »ausschöpfen, leeren«) mit **erschöpft** »verbraucht, ermattet« und **Erschöpfung** »das Erschöpfen; völlige Ermüdung« sowie das Adjektiv **unerschöpflich** »nicht versiegend, nicht aufbrauchbar« (16. Jahrhundert).

schwanger

Mittelhochdeutsch *swanger*, althochdeutsch *swangar*, altenglisch *swangor* »schwer, schwerfällig«, niederländisch *zwanger* »ein Kind erwartend« bedeutet »schwer(fällig)«, vergleiche das entsprechende altenglische *swangor* »schwer, langsam, träge«. Außergermanisch vergleicht sich vermutlich litauisch *sunkùs* »beschwerlich« zu litauisch *suñkti* »schwer werden«.

Seele

Das gemeingermanische Substantiv mittelhochdeutsch *sēle*, althochdeutsch *sē(u)la*, gotisch *saiwala*, niederländisch *ziel*, englisch *soul* wird oft als Ableitung von dem Wort *See* mit der Grundbedeutung »die zum See Gehörende« gedeutet. Nach alter germanischer Vorstellung wohnten die Seelen der Ungeborenen und der Toten im Wasser. Wahrscheinlicher ist aber Verwandtschaft mit altkirchenslawisch *sila* »Kraft« und litauisch *síela* »Seele, Gemüt, Geist«, deren Herkunft aber ebenfalls nicht geklärt ist. Der heutige Inhalt des Wortes ist stark vom Christentum geprägt worden.

sehen ....

Das gemeingermanische starke Verb mittelhochdeutsch *sehen*, althochdeutsch *sehan*, englisch *to see*, schwedisch *se* beruht mit verwandten Wörtern in anderen indogermanischen Sprachen auf der indogermanischen Wurzel **seku̯-* »bemerken, sehen«. Deren ursprüngliche Bedeutung »(mit den Augen) verfolgen« ergibt sich aus den verwandten Wortgruppen um lateinisch *sequī* »(nach)folgen, verfolgen« (siehe die Wortgruppe um *konsequent*), altindisch *sácatē* »er begleitet, folgt« und lettisch *sekt* »folgen, spüren, wittern«. Vermutlich liegt ein alter Jagdausdruck zugrunde, der sich auf den verfolgenden und spürenden Hund bezog.

siech ....

Das gemeingermanische Adjektiv mittelhochdeutsch *siech*, althochdeutsch *sioh*, gotisch *siuks*, englisch *sick*, schwedisch *sjuk* »krank« ist in spätmittelhochdeutscher Zeit aus seiner allgemeinen Bedeutung durch das jüngere Wort ☞krank verdrängt worden, nachdem es schon vorher besonders für den ansteckenden Zustand der Aussätzigen gebraucht worden war. Zusammen mit dem alten Verb **siechen** »lange Zeit krank sein« und den Substantiven *Seuche* und *Sucht* bildet *siech* eine germanische Wortgruppe, deren außergermanische Beziehungen nicht geklärt sind; allenfalls armenisch *hiucil* »hinsiechen, erschöpfen« kommt in Betracht.

Sinn

Das auf das deutsche und niederländische Sprachgebiet beschränkte Substantiv (mittelhochdeutsch, althochdeutsch *sin*, niederländisch *zin*) wurde in althochdeutscher Zeit auf Verstand und Wahrnehmung bezogen. Auf eine ältere Bedeutung weist das Verb *sinnan*, das »streben, begehren«, ursprünglich aber »gehen, reisen« bedeutete. Die gesamte germanische Wortgruppe beruht auf der indogermanischen Wurzel **sent-* »gehen, reisen, fahren«, deren ursprüngliche Bedeutung vermutlich »eine Richtung nehmen, eine Fährte suchen« war. Zu dieser Wurzel gehören außerhalb des Germanischen altirisch *sēt* »Weg« und die Wortgruppe um lateinisch *sentīre* »fühlen, wahrnehmen«, *sensus* »Gefühl, Sinn, Meinung«, deren Bedeutung denen der deutschen Wörter *Sinn* und *sinnen* entspricht. Vergleiche auch litauisch *sintéti* »denken«.

Skelett

»Knochengerüst, Gerippe«: Das Substantiv wurde bereits im 16. Jahrhundert – zuerst in der Form *skeleton* – aus griechisch *skeletón* »Mumie« entlehnt und bedeutet wörtlich »ausgetrockneter Körper«. Zugrunde liegt das Adjektiv griechisch *skeletós* »ausgetrocknet, ausgedörrt«, das abgeleitet ist von griechisch *skéllein* »austrocknen, dörren; vertrocknen« .

Spa

»Heilbad, Kurort; Anlage mit Badeeinrichtungen wie Sauna, Whirlpool, Schwimmbad und so weiter (zur therapeutischen

Anwendung)«: Ende des 20. Jahrhunderts wird das Wort, das auf den Namen des belgischen Kurorts zurückgeht, aus englisch *spa* entlehnt. Dieses wird bis Anfang des 17. Jahrhunderts nur auf den Ort Spa bezogen (der seit dem 14. Jahrhundert für seine Mineralquellen bekannt ist). In der Bedeutung »Mineral-, Heilquelle« ist er seit den 1620er-Jahren belegt. In den 1970er-Jahren erscheint es dann in amerikanisch-englischen Belegen übertragen auf Anlagen, die therapeutisch sein können, aber auch zur bloßen Entspannung und Erholung genutzt werden.

Spiegel

Das nur auf das deutsche und niederländische Sprachgebiet beschränkte Wort mittelhochdeutsch *spiegel*, althochdeutsch *spiegal*, mittelniederdeutsch *spēgel*, niederländisch *spiegel* ist aus der romanischen Folgeform von lateinisch *speculum* »Spiegel; Spiegelbild, Abbild« entlehnt. Das lateinische Substantiv, das gleichbedeutend griechisch *kát-optron* (zum Stamm *op-* »sehen«) wiedergibt, gehört als Ableitung zum Verb lateinisch *specere (spectum)* »sehen, schauen«. Es findet sich in vielen Bildungen wie lateinisch *aspicere* »hinsehen, anblicken« (vergleiche *Aspekt*), *inspicere* »hin(ein)blicken, besehen, in Augenschein nehmen« (vergleiche *inspizieren, Inspektor, Inspektion*), *perspicere* »mit dem Blick durchdringen, deutlich sehen, besehen« (vergleiche dazu *Perspektive*), *prospicere* »aus der Ferne herabschauen, von fern besehen; sich umsehen; überblicken« (vergleiche *Prospekt*) und lateinisch *respicere* »zurücksehen; Rücksicht nehmen« (vergleiche *Respekt, respektieren*).

Sport

Zu den allgemeinen Sportausdrücken, die aus dem Englischen aufgenommen wurden, gehört auch das Substantiv *Sport* selbst.

Es wurde in den 1920er-Jahren als umfassende Bezeichnung für alle mit der planmäßigen Körperschulung und mit der körperlichen Betätigung im Wettkampf und Wettspiel zusammenhängenden Belange aus gleichbedeutend englisch *sport* entlehnt. Das englische Wort seinerseits, das eigentlich »Zerstreuung, Vergnügen, Zeitvertreib, Spiel« bedeutet und seine spezielle Bedeutung mit der Entwicklung des modernen Wettkampfes und Leistungssports erlangte, ist eine Kurzform von englisch *disport* »Zerstreuung, Vergnügen«. Dies ist entlehnt aus gleichbedeutend altfranzösisch *desport*, einer Substantivbildung zu altfranzösisch *(se) de(s)porter*, dessen Ursprung lateinisch *deportāre* »fortbringen« ist (lateinisch *portāre* »tragen, bringen«, vergleiche *Porto*).

sprechen ....

Das westgermanische Wort lautet mittelhochdeutsch *sprechen*, althochdeutsch *sprehhan*, niederländisch *spreken*, altenglisch *sprecan*. Daneben stehen die r-losen Formen althochdeutsch *spehhan*, altenglisch *specan*, englisch *to speak* »sprechen«. Es ist nicht sicher erklärt; es besteht Verwandtschaft mit altisländisch, schwedisch *spraka* »knistern, prasseln«, sodass *sprechen* ursprünglich vielleicht ein lautmalendes Wort war. Außergermanisch vergleicht sich kymrisch *ffraeth* »witzig, scharfzüngig« und albanisch *shpreh* »ausdrücken, lehren«.

Stadion ....

Das Substantiv bedeutet »mit Zuschauerrängen und Tribünen ausgestattetes ovales Sport- und Spielfeld; Kampfbahn« und beruht auf einer gelehrten Entlehnung des 19. Jahrhunderts aus griechisch *stádion* »Rennbahn, Laufbahn«. Das griechische Wort ist eigentlich Bezeichnung für ein Längenmaß (zwischen

179 m und 213 m). Die spezielle Bedeutung »Rennbahn« geht zurück auf die berühmte Rennbahn der altgriechischen Kampfstätte in Olympia, die gerade die Länge eines *Stadions* (etwa 185 m) hatte. ♦ Aus der gleichen Quelle wie *Stadion* stammt auch das seit dem 18. Jahrhundert in der folgenden Bedeutung bezeugte Substantiv **Stadium** »Entwicklungsstufe, Abschnitt; Zustand«, das uns durch Vermittlung von lateinisch *stadium* »Rennbahn, Laufbahn« anfangs übertragen als medizinischer Fachausdruck zur Bezeichnung vorübergehender symptomatischer Zeitabschnitte im Verlauf einer Krankheit begegnet (*stadium morbi*).

Star

Die deutsche Bezeichnung der Augenkrankheit ist erst in frühneuhochdeutscher Zeit aus dem zusammengesetzten Adjektiv **starblind** (mittelhochdeutsch *starblint*, althochdeutsch *staraplint*; vergleiche mittelniederländisch *staerblint*, altenglisch *stærblind*) verselbstständigt worden. Das erste Glied der Zusammensetzung geht wahrscheinlich auf ein germanisches Adjektiv mit der Bedeutung »starr blickend« zurück, das zu der indogermanischen Wurzel um *starren* gehört (vergleiche noch mittelniederdeutsch *star* »Starrheit des Auges« und mittelniederländisch *te stāre staen* »gebrochen sein«, von den Augen eines Toten).

Station

»Haltestelle, Bahnhof; Haltepunkt; Aufenthalt; Bereich, Krankenhausabteilung; Ort, an dem sich eine technische Anlage befindet, Sende-, Beobachtungsstelle«: Das Substantiv wurde bereits im 15. Jahrhundert aus lateinisch *statio* »das Stehen, das Stillstehen; Standort, Aufenthaltsort; Aufenthalt; Quartier,

Bereich usw.« entlehnt, einer Substantivbildung zum Stamm von lateinisch *stāre (statum)* »stehen« (vergleiche dazu auch *stabil*). ♦ Ableitungen: **stationär** »an einem Standort verbleibend, ortsfest; den Aufenthalt und die Behandlung in einem Krankenhaus betreffend«.

sterben

Das westgermanische Verb mittelhochdeutsch *sterben*, althochdeutsch *sterban*, niederländisch *sterven*, altenglisch *steorfan* »sterben« (englisch *to starve* »verhungern, erfrieren«) war ursprünglich ein verhüllender Ausdruck, der »erstarren, steif werden« bedeutete. Es gehört zu der indogermanischen Wortgruppe um *starren*; vergleiche die verwandten Wörter norwegisch mundartlich *starva* »mühsam gehen, frieren, dem Tode nahe sein« und mittelniederdeutsch *starven* »starr werden«.

still

Das westgermanische Adjektiv mittelhochdeutsch *stille*, althochdeutsch *stilli*, niederländisch *stil*, englisch *still* bedeutete ursprünglich »stehend, unbeweglich« (so in den erst neuhochdeutsch zusammengerückten Verbindungen *stillstehen, -legen, -halten* usw.). Schon im Althochdeutschen wird das Adjektiv in der Bedeutung »ruhig, schweigend, verborgen« gebraucht (vergleiche dazu Fügungen wie *stillschweigen, stillschweigend* und *im Stillen* »unbemerkt«, 17. Jahrhundert). ♦ Ableitungen: **stillen** (mittelhochdeutsch, althochdeutsch *stillen* »still machen, beruhigen, zum Schweigen bringen«; vergleiche dazu niederländisch *stillen*, englisch *to still*, schwedisch *stilla*; im Neuhochdeutschen gilt bereits seit dem 16. Jahrhundert *ein Kind stillen* für »säugen«, eigentlich »ein Kind zum Schweigen bringen, wenn es vor Hunger schreit«).

stinken

Mittelhochdeutsch *stinken*, althochdeutsch *stinkan* »stinken, riechen«, niederländisch *stinken* »üblen Geruch verbreiten«, altenglisch *stincan* »Geruch, Duft verbreiten; Geruch wahrnehmen; stieben; dampfen«, englisch *to stink* »stinken« entsprechen gotisch *stigqan* »(zusammen)stoßen« und altisländisch *støkkva* »springen, bersten, spritzen«. Das gemeingermanische Verb bedeutete somit ursprünglich »stoßen, puffen«, woraus sich im Westgermanischen die Bedeutung »stieben, dampfen, ausdünsten« entwickelte.

Stirn

Das nur auf das deutsche und niederländische Sprachgebiet beschränkte Wort mittelhochdeutsch *stirn(e)*, althochdeutsch *stirna*, mittelniederdeutsch *sterne*, mittelniederländisch *stern(e)* ist verwandt mit altenglisch *steornede* »dreist« (eigentlich »mit breiter Stirn«, vergleiche dazu neuhochdeutsch *die Stirn bieten* »offen entgegentreten«, *die Stirn haben* »sich erdreisten«). Mit der Grundbedeutung »ausgebreitete Fläche«, die auch das verwandte griechische *stérnon* »Brust« zeigt, stellt sich *Stirn* zu der Wortgruppe um *Strahl*.

stottern

Das im 16. Jahrhundert aus niederdeutsch *stotern, stötern* ins Hochdeutsche übernommene Verb ist eine Iterativbildung zu niederdeutsch *stöten* »stoßen« (vergleiche *stoßen*) und bezeichnet eigentlich das wiederholte Anstoßen mit der Zunge beim Sprechen (als Sprachfehler oder in Erregung, Trunkenheit und dergleichen). Mit scherzhafter Übertragung gilt *stottern,* vor allem in der Zusammensetzung **abstottern,** auch umgangssprachlich für »ratenweise (ab)zahlen« (20. Jahrhundert).

streicheln

Zu dem Verb *streichen* (mittelhochdeutsch *strīchen*) gehört das westgermanische Verb mittelhochdeutsch *streichen*, althochdeutsch *streihhōn*, mittelniederdeutsch *strēken*, altenglisch *strācian* (englisch *to stroke*) »leicht berühren, streicheln«. Es ist im Neuhochdeutschen mit seinem Grundverb lautlich zusammengefallen und durch die gleichbedeutende Weiterbildung *streicheln* (16. Jahrhundert) ersetzt worden.

Stress

Das Substantiv bezeichnet die »erhöhte Beanspruchung, starke Belastung physischer und/oder psychischer Art« und wurde 1936 von dem österreichisch-kanadischen Biochemiker und Mediziner HANS SELYE (1907–1982) geprägt. Zugrunde liegt englisch *stress* »Druck, Anspannung«, das aus *distress* »Sorge, Kummer« gekürzt ist und über gleichbedeutend altfranzösisch *destresse* eigentlich auf lateinisch *distringēre* »beanspruchen; einengen« (vergleiche *Distrikt*) zurückgeht.

Stuhl

Das gemeingermanische Substantiv mittelhochdeutsch, althochdeutsch *stuol*, gotisch *stōls*, englisch *stool*, schwedisch *stol* gehört wahrscheinlich zu dem Verb *stehen* und bedeutet eigentlich »Gestell« (vergleiche dazu das verwandte litauische *pa-stōlas* »Gestell, Ständer«, weiterhin die slawische Wortgruppe um russisch *stol* »Tisch; Thron«). In den germanischen Sprachen bezeichnete das Wort zunächst den aufgebauten Hochsitz des Fürsten (so auch gotisch *stōls* »Thron«) oder des Richters, im Deutschen seit dem Mittelalter auch das Katheder des Gelehrten (**Lehrstuhl,** mittelhochdeutsch *lērstuol*). Die übliche Sitzgelegenheit in germanischer Zeit war die Bank, doch ist schon früh auch der Stuhl im heutigen Sinn des Wortes bekannt. Die Zusammensetzung **Stuhlgang** (15. Jahrhundert) bedeutet eigentlich »Gang zum (Nacht)stuhl«. Aus der zugehörigen Wendung *zu Stuhl gehen* (14. Jahrhundert; vergleiche neuhochdeutsch umgangssprachlich *zu Stuhle kommen* »mit etwas fertig werden, zurechtkommen«) ergab sich spätmittelhochdeutsch für *Stuhl* die Bedeutung »menschliche Exkremente«, die vor allem im medizinischen Sprachgebrauch gilt.

Sucht

»krankhafte Abhängigkeit«: Das Substantiv mittelhochdeutsch, althochdeutsch *suht*, gotisch *saúhts*, niederländisch *zucht*, schwedisch *sot* »Krankheit« ist eine Bildung zum unter ☞ siech behandelten Verb *siechen* »krank sein«. Im Neuhochdeutschen steht *Sucht* oft in Zusammensetzungen (zum Beispiel *Bleich-, Gelb-, Schwindsucht*). In Wörtern wie *Mondsucht, Tobsucht* konnte das Grundwort als »krankhaftes Verlangen« verstanden werden, wie es auch schon früh übertragen für »Sünde, Leidenschaft« gebraucht wurde. Das neuhochdeutsche Sprachgefühl hat das Wort infolgedessen mit *suchen* verknüpft, und Zusammensetzungen wie *Gefall-, Selbst-, Herrschsucht* werden gleichermaßen in diesem Sinn verstanden wie die älteren Bildungen *Eifersucht* und *Sehnsucht*. Dazu das Adjektiv **süchtig** »suchtkrank« (mittelhochdeutsch *sühtec*, althochdeutsch *suhtig* »krank«). Die Wörter gehören aber zu einem alten Verb, das in gotisch *siukan* »krank sein« bezeugt ist.

Symptom

Das Wort für »Anzeichen; Krankheitszeichen; Kennzeichen, Merkmal; Vorbote«: ist eine Entlehnung des 16. Jahrhunderts aus griechisch *sým-ptōma* »vorübergehende Eigentümlichkeit;

Zufall; zufälliger Umstand einer Krankheit«. Zugrunde liegt das griechische Verb *sym-píptein* »zusammenfallen, -treffen; sich zufällig ereignen«. Dies ist eine Bildung aus griechisch *sýn* »zusammen« und griechisch *píptein* »fallen«.

Syphilis

Die seit dem 18. Jahrhundert in deutschen Texten bezeugte Bezeichnung für eine infektiöse Geschlechtskrankheit geht zurück auf den Titel des im 16. Jahrhundert verfassten lateinischen Lehrgedichts »Syphilidis seu morbi gallici libri tres«, worin die Geschichte des geschlechtskranken Hirten Syphilus (Siphilus) erzählt wird. Verbreitet wird sie durch den italienischen Arzt GIROLAMO FRACOSTORO (1478–1553). ◆ Dazu **versifft** »schmutzig, von Ungeziefer befallen« zu einer umgangssprachlichen Eindeutschung *Siff*, auch als Adjektiv *siffig* (20. Jahrhundert).

— ‹‹‹ § ››› —

Tablett

Das Substantiv bezeichnet ein »Servierbrett« und wurde im 18. Jahrhundert aus französisch *tablette* »Tafel; Brett, Platte zum Abstellen von Geschirr« entlehnt. Dies ist eine Verkleinerungsbildung zu dem französischen Substantiv *table* »Tisch; Tafel; Brett« (◄ lateinisch *tabula*, vergleiche dazu auch *Tafel*) und bedeutet demnach eigentlich »Täfelchen, kleine Platte«. Damit übereinstimmend ist französisch *tablette* »in die Form eines Täfelchens oder einer kleinen, flachen Scheibe gepresstes Arzneimittel«, aus dem Anfang des 20. Jahrhunderts **Tablette** übernommen wurde.

Taille

»schmalste Stelle des Rumpfes; Gürtelweite; eng anliegendes Kleidoberteil«: Das Substantiv wurde im 17. Jahrhundert aus französisch *taille* »Schnitt; Körperschnitt, Wuchs, Figur« entlehnt, einer Substantivbildung zum französischen Verb *tailler* »(zer)schneiden« (vergleiche *Teller*).

Tampon

Das Substantiv bezeichnet einen »(Watte-, Mull)bausch« und wurde im 19. Jahrhundert aus gleichbedeutend französisch *tampon* entlehnt, einer nasalierten Nebenform von französisch *tapon* »zusammengeknüllter Stoffklumpen«. Das französische Wort stammt seinerseits aus dem Germanischen, und zwar aus altfränkisch *tappo* »Zapfen«.

tätowieren

»farbige Muster, Figuren, bildliche Darstellungen usw. mit Farbstoffen in die Haut einritzen«, dafür in der Fachterminologie der Völkerkunde die Form **tatauieren**: Das seit dem 18. Jahrhundert bezeugte Verb, durch gleichbedeutend englisch *to tattoo* und französisch *tatouer* vermittelt, stammt aus dem malaio-polynesischen Sprachbereich. Quelle des Wortes ist tahitisch *tatau* »Zeichen, Malerei«. Dazu als Substantiv nach englischem Vorbild **Tattoo** (2. Hälfte 19. Jahrhundert).

Temperament

»Wesens-, Gemütsart; Lebhaftigkeit, Schwung, Feuer«: Das seit dem 16. Jahrhundert bezeugte Substantiv wurde aus lateinisch *temperāmentum* »das richtige Verhältnis gemischter Dinge, die gehörige Mischung; das rechte Maß« (wie auch entsprechend englisch *temperament*, französisch *tempérament*) entlehnt. Es entwickelte sich daraus die spezielle Bedeutung »Mischungsverhältnis der vier menschlichen Körpersäfte«. Stammwort ist lateinisch *temperāre* »in das richtige Mischungsverhältnis bringen; in das gehörige Maß setzen«, aus dem bereits im 13. Jahrhundert unser Verb **temperieren** »mäßigen; auf eine mäßig warme, gut abgestimmte Temperatur bringen« übernommen wurde. ♦ Zum gleichen Stammwort wie *Temperament* gehört **Temperatur** »(in Graden gemessener) Wärmezustand eines Körpers oder der Luft« (16. Jahrhundert). Das Wort beruht auf einer gelehrten Entlehnung aus lateinisch *temperātūra* »gehörige Mischung, Beschaffenheit«.

Test

»Probe; experimentelle Untersuchung, Prüfung«: Das Wort wurde Anfang des 20. Jahrhunderts aus gleichbedeutend englisch *test* übernommen. Das davon abgeleitete Verb englisch *to test* »prüfen, erproben, ausprobieren« lieferte das entsprechende Verb **testen** »durch Test feststellen, untersuchen, erproben, prüfen« (1. Hälfte des 20. Jahrhunderts). ♦ Das englische Wort geht auf altfranzösisch *test* »irdener Topf; Tiegel (für alchimistische Experimente)« zurück, das seinerseits auf lateinisch *tēstum* »Geschirr, Schüssel« beruht. Stammwort ist lateinisch *tēsta* »Platte, Deckel, Tonschale; Scherbe usw.« – Bereits in mittelhochdeutscher Zeit wurde aus dem Altfranzösischen das Substantiv mittelhochdeutsch *test* »Topf, Tiegel usw.« entlehnt, das sich bis ins 19. Jahrhundert in der Bedeutung »Probier-, Schmelztiegel für die Prüfung von Silber« erhalten hat.

Therapie

Die Bezeichnung für »Kranken-, Heilbehandlung« wurde im 18. Jahrhundert als medizinischer Fachausdruck aus gleichbedeutend griechisch *therapeía* (eigentlich »das Dienen, Dienst; Pflege«) entlehnt. Stammwort ist griechisch *therápōn* »Diener; Gefährte«.

Tinktur

Die in der Fachsprache der Pharmazie gebräuchliche und seit dem 16. Jahrhundert bezeugte Bezeichnung für dünnflüssige

»gefärbte« Auszüge aus pflanzlichen oder tierischen Stoffen, (meist) in Form alkoholischer Lösungen, ist aus lateinisch *tīnctūra* »das Färben, farbig ausgezogene Flüssigkeit« entlehnt. Dies gehört zu lateinisch *tingere (tīnctum)* »benetzen, tränken, eintauchen; färben« (vergleiche *Tinte* und *tunken*).

Toilette

Das französische *toilette* ist eine Verkleinerungsform zu französisch *toile* »Tuch« (◀ lateinisch *tēla* »Tuch«) und bedeutete ursprünglich »Tüchlein«. Es bezeichnete vom 16. Jahrhundert an das auf den Tisch gebreitete Tuch, worauf man Waschzeug und Gegenstände zur Haarpflege legte, später dann die Tätigkeit des Sichwaschens und Kämmens sowie die Ausstattung (Kleidung, Haartracht usw.) einer Dame der Gesellschaft. Im 18. Jahrhundert wurde das Substantiv dann in diesen Bedeutungen aus dem Französischen entlehnt. Seit dem Ende des 19. Jahrhunderts bezeichnet es auch verhüllend einen Waschraum mit Klosettbecken (französisch *cabinet de toilette*) oder das Klosettbecken selbst.

träg(e)

Das nur auf das deutsche und niederländische Sprachgebiet beschränkte Wort (mittelhochdeutsch *træge*, althochdeutsch *trāgi*, niederländisch *traag*) steht im Ablaut zu altisländisch *tregr* »widerstrebend, langsam« und gotisch *trigō* »Trauer«.

Trance

»schlafähnlicher Bewusstseinszustand«: Das Substantiv wurde im 20. Jahrhundert aus gleichbedeutend englisch *trance* entlehnt, das aus altfranzösisch *transe* »das Hinübergehen (in den Todesschlaf); Angstzustand« übernommen ist. Das zugrunde liegende Verb (alt)französisch *transir* »hinübergehen; verscheiden« geht auf lateinisch *transīre* »hinübergehen« zurück, eine Bildung aus lateinisch *trans* »hinüber« (vergleiche *trans-*, *Trans-*) und lateinisch *īre* »gehen« (vergleiche *Abiturient*).

Träne

Das mittelhochdeutsche Substantiv *trēne* ist eine Pluralform von *tran*, die im 15. Jahrhundert nicht mehr als solche verstanden und als Singular aufgefasst wurde. Zu diesem Singular wurde dann der neue Plural *trenen* gebildet. *Tran* ist zusammengezogen aus *trahen* »Träne, Tropfen«. Das deutsche Wort geht mit verwandten außergermanischen Wörtern, griechisch *dákryon* »Träne, Harz(tropfen)« und lateinisch *lacrima* (altlateinisch *dacruma*), auf indogermanisch **d(r)ak̑ru-* zurück. Ob die engere Bedeutung »Träne« oder die allgemeinere »Tropfen« die ursprüngliche ist, ist nicht zu entscheiden.

Trauma

Die seit dem 19. Jahrhundert in deutschen Texten bezeugte fachsprachliche Bezeichnung für »Verletzung, Wunde« (Medizin) und »seelischer Schock, starke seelische Erschütterung« (Psychologie) ist eine gelehrte Entlehnung aus griechisch *traūma* »Wunde«. ♦ Ableitung: **traumatisch** »Verwundungen betreffend, davon herrührend« (Mitte 19. Jahrhundert), »auf seelischer Erschütterung beruhend« (Mitte 20. Jahrhundert); zu spätlateinisch *traumaticus*, griechisch *traumatikós* »zu der Wunde gehörig, zu ihrer Heilung geeignet«.

Typhus

Der Ausdruck ist die in der Allgemeinsprache gebräuchliche Kurzbezeichnung für *Typhus abdominalis*, die medizinische

Bezeichnung einer mit oft schweren Bewusstseinsstörungen verbundenen fieberhaften Infektionskrankheit des Unterleibs. Im 19. Jahrhundert kam das Substantiv auch in anderen europäischen Sprachen auf, vergleiche zum Beispiel dazu gleichbedeutend englisch, französisch *typhus*, schwedisch *tyfus* sowie italienisch *tifo*. Es ist eine gelehrte Entlehnung (mit latinisierender Endung) aus griechisch *tȳphos* »Umnebelung der Sinne; Qualm, Rauch, Dampf« (zu griechisch *tȳphein* »dampfen; Rauch machen, Qualm«), das bereits in der antiken Medizin auch als Krankheitsbezeichnung bezeugt ist.

übel

Das gemeingermanische Adjektiv mittelhochdeutsch *übel*, *ubel*, althochdeutsch *ubil*, gotisch *ubils*, niederländisch *euvel*, englisch *evil* bedeutet »schlecht, böse, schlimm; unangenehm; arg, furchtbar; unwohl«. Die Herkunft ist unklar. Vielleicht gehört es mit den Wörtern *über*, *ob* und *obere* zur indogermanischen Wortgruppe von *auf*. Es bedeutete ursprünglich etwa »über das Maß hinausgehend, überheblich« (vergleiche hierzu althochdeutsch *uppi* »bösartig«). ♦ Ableitung: **Übelkeit** »Neigung zum Erbrechen« (18. Jahrhundert).

Urin

Die medizinische Bezeichnung für »Harn« ist eine Entlehnung des 16. Jahrhunderts aus gleichbedeutend lateinisch *ūrīna*. Das lateinische Wort gehört im Sinne von »Feuchtigkeit, Wasser« zu der indogermanischen Wortfamilie um ☞ Wasser.

Vanille

Die in den Tropen Amerikas beheimatete, meist auf Bäumen wachsende Orchideenpflanze wird nach ihren Fruchtschoten bezeichnet, die nach Fermentation ein begehrtes, wertvolles Gewürz liefern. Die seit dem Ende des 17. Jahrhunderts (zuerst als *Vanilla*) bezeugte Bezeichnung beruht wie gleichbedeutend französisch *vanille*, das die Form des Wortes beeinflusst hat, auf einer Entlehnung aus gleichbedeutend spanisch *vainilla*. Das spanische Substantiv bedeutet ursprünglich »kleine Scheide; kleine Schote«. Es ist eine Verkleinerungsbildung zu spanisch *vaina* »Scheide; (Samen)hülse; Schote«, das aus lateinisch *vāgīna* »Schwertscheide; Scheide; Ährenhülse« stammt, aus dem auch **Vagina** »weibliche Scheide« entlehnt ist.

Vegetarier

»jemand, der sich (einzig) von pflanzlicher Kost ernährt«: Die Anfang des 20. Jahrhunderts aufgekommene Form *Vegetarier* ist aus älterem *Vegetarianer* gekürzt, das im 19. Jahrhundert aus gleichbedeutend englisch *vegetarian* entlehnt worden ist. Dies ist eine Bildung zu englisch *vegetable* »pflanzlich« (◀ lateinisch *vegetabilis* »belebend« zu lateinisch *vegetare* »beleben«, vergleiche *Vegetation*). ♦ Dazu **vegetarisch** und als Bezeichnung für den strengen Vegetarismus, der den Verzehr von Eiern und Milchprodukten ablehnt, im Englischen zuerst *total vegetarian*, woraus ab Mitte des 20. Jahrhunderts die Neuschöpfung *vegan*, gekürzt aus *vege*tari*an*, gebildet wurde, deutsch **vegan**.

verdauen

»genossene Speisen im Körper verarbeiten«: Das auf das deutsche und niederländische Sprachgebiet beschränkte Präfixverb (mittelhochdeutsch *verdöu[we]n*, althochdeutsch *firdouwen*, niederländisch *verduwen*) gehört wahrscheinlich zu dem Verb *tauen* und bedeutet eigentlich »verschmelzen«.

versehren

(veraltet für:) »verletzen, beschädigen«: Mittelhochdeutsch *versēren* »verletzen, verwunden« ist eine Bildung zu dem im Neuhochdeutschen ausgestorbenen Verb *sēren* »verwunden«, das von *sēr* »Schmerz« abgeleitet ist. Die Grundbedeutung ist demnach »Schmerz verursachen«. Allgemein gebräuchlich sind auch heute noch die Verneinung **unversehrt** (mittelhochdeutsch *unversēret*), dazu **Unversehrtheit** (18. Jahrhundert) und **Versehrter** (vor dem 2. Weltkrieg; ursprünglich »durch Wehrdienstbeschädigung körperlich beeinträchtigter Soldat«).

Virus

Der medizinische Fachausdruck, der allgemeinsprachlich *Virus* im Sinne von »Krankheitserreger« gebraucht wird, wurde im 19. Jahrhundert – vielleicht vermittelt durch gleichbedeutend französisch und englisch *virus* – aus lateinisch *vīrus* »Schleim, Saft, Gift« entlehnt, das u. a. auch mit griechisch *īós* »Gift« und altindisch *viṣá-m* »Gift« etymologisch verwandt ist.

Vitamin ....

Der medizinische Terminus für den die biologischen Vorgänge im Organismus regulierenden, lebenswichtigen, vorwiegend in Pflanzen gebildeten Wirkstoff wurde in der 1. Hälfte des 20. Jahrhunderts aus gleichbedeutend englisch-amerikanisch *vitamin* entlehnt. Dies ist eine gelehrte Bildung des polnisch-amerikanischen Biochemikers CASIMIR FUNK (1884–1967) aus lateinisch *vīta* »Leben« und englisch *amin(e)* »organische Stickstoffverbindung, Amin«.

Wange

Das gemeingermanische Substantiv mittelhochdeutsch *wange*, althochdeutsch *wanga*, niederländisch *wang*, altenglisch *wange*, altisländisch *vangi*, gotisch in *waggareis* »Kopfkissen« ist wahrscheinlich mit bairisch-österreichisch *Wang* »Wiesenabhang«, gotisch *waggs* »Paradies« (ursprünglich »Wiese«), altenglisch *wang* »Feld, Ebene, Land«, altisländisch *vangr* »Feld, eingefriedeter Platz« verwandt. Diesen Substantiven ist wahrscheinlich die Grundbedeutung »Biegung, Krümmung« gemeinsam, vergleiche zum Beispiel hierzu altenglisch *wōh* (◄ *wanha-)* »krumm, verkehrt«.

waschen

Das gemeingermanische starke Verb mittelhochdeutsch *waschen, weschen*, althochdeutsch *wascan*, niederländisch *wassen*, englisch *to wash*, schwedisch *vaska* gehört wahrscheinlich zu der indogermanischen Wurzel um *au-* »benetzen, befeuchten, fließen« (vergleiche ☞ Wasser).

Wasser

Das gemeingermanische Substantiv mittelhochdeutsch *waʒʒer*, althochdeutsch *waʒʒar*, gotisch *watō*, englisch *water*, schwedisch *vatten* geht auf indogermanisch *u̯édōr, *u̯ódōr, »Wasser« zurück. Vergleiche aus anderen indogermanischen Sprachen griechisch *hýdōr* »Wasser« und russisch *voda* »Wasser«. Das indogermanische Wort gehört zur indogermanischen Wurzel *au-* »benetzen, befeuchten, fließen«. Zu dieser Wortfamilie gehören auch altindisch *vār* »Wasser« und lateinisch *ūrina* »Harn« (☞ Urin) und wohl der erste Bestandteil des Wortes *Auerochse* (eigentlich »Befeuchter, [Samen]spritzer«).

wecken

Das gemeingermanische Verb mittelhochdeutsch *wecken*, althochdeutsch *wecchen*, gotisch *us-wakjan*, altenglisch *weccan*, schwedisch *väcka* gehört zu germanisch *wekan »munter sein«, das wiederum zu der indogermanischen Wurzel *u̯eǵ- »frisch, stark sein« gehört. Vergleiche aus anderen indogermanischen Sprachen altindisch *vājaḥ* »Kraft, Schnelligkeit«, lateinisch *vēgere* »munter sein« (vergleiche *Vegetation*). Das Verb *wecken* bedeutet demnach »frisch, munter machen«. Zu dieser Wurzel gehören auch die Wörter *wachen* (eigentlich »frisch, munter sein«) und *wacker* (eigentlich »frisch, munter«). ♦ Ableitung: **Wecker** »Weckuhr« (17. Jahrhundert).

weh

mittelhochdeutsch, althochdeutsch *wē*, gotisch *wai*, englisch *woe*, schwedisch *ve* ist verwandt mit awestisch *vayōi* »wehe«, lateinisch *vae* »wehe« und lettisch *var* »wehe, ach!«. Eine Bildung zu *weh* ist das Verb ☞ weinen (eigentlich »weh rufen«). Das Wort wird bereits seit althochdeutscher Zeit als Adverb gebraucht (so zum Beispiel in der Wendung *wehtun*, mittelhochdeutsch, althochdeutsch *wē tuon*). Der Gebrauch von *weh* als Adjektiv findet sich erst im 18. Jahrhundert. Die Substantivierung geht dagegen auf das Althochdeutsche zurück: **Weh** »Schmerz, Leid« (mittelhochdeutsch *wē*, althochdeutsch *wē[wo]*), vergleiche auch das meist im Plural gebrauchte Substantiv **Wehe** »(Geburts)schmerz« (mittelhochdeutsch *wēwē* »Schmerz, Leid; Geburtswehe«).

weich

Das gemeingermanische Adjektiv mittelhochdeutsch *weich*, althochdeutsch *weih*, niederländisch *week*, altenglisch *wāc* (englisch *weak* »schwach, dünn«), schwedisch *vek* gehört zum Verb *weichen*. Es bedeutet zuerst »nachgebend«. ♦ Zusammensetzung: **Weichteile** »knochenlose Teile des Körpers« (1. Hälfte des 19. Jahrhunderts).

weinen

»Tränen vergießen«: Das gemeingermanische Verb mittelhochdeutsch *weinen*, althochdeutsch *weinōn*, niederländisch *wenen*, altenglisch *wānian*, altisländisch *veina* ist eine Bildung zu dem unter ☞ *weh* behandelten Wort. Das Verb bedeutet demnach eigentlich »Weh rufen«.

Wimper

Das Substantiv mittelhochdeutsch *wintbrā(we)*, althochdeutsch *wintbrāwa* bedeutet zunächst »Augenbraue«. Es handelt sich um eine Zusammensetzung, deren zweiter Teil das Wort *Braue* ist. Der erste Bestandteil (mittelhochdeutsch, althochdeutsch *wint-*) gehört zu dem Verb *winden* (vergleiche dazu *windschief*). Die Wimper ist also »die gewundene Braue«.

Woche

Das gemeingermanische Substantiv mittelhochdeutsch *woche*, althochdeutsch *wohha, wehha*, englisch *week*, schwedisch *vecka* »Woche«, gotisch *wikō* »Reihenfolge« ist mit dem Verb *weichen* verwandt. Besonders eng verwandt ist es mit dem Substantiv *Wechsel* und bedeutet wie dieses eigentlich »das Weichen, Platzmachen«. Anschließend entwickelte sich daraus die Bedeutung »Reihenfolge (in der Zeit), regelmäßig wiederkehrender Zeitabschnitt«. Als die Germanen von den Römern den Begriff des kalendarischen Abschnitts von sieben Tagen kennenlernten, verwendeten sie als Bezeichnung dafür das heimische Wort *Woche*. ♦ Vergleiche dazu insbesondere die Pluralform *Wochen* im Sinne von »Wochenbett, Kindbett«; gemeint sind die sechs Wochen, während deren die junge Mutter Bett und Zimmer zu hüten pflegte. Daran schließen sich **Wöchnerin** (17. Jahrhundert; gekürzt aus älterem *Sechswöchnerin*) sowie **Wochenbett** (16. Jahrhundert) an.

wohl

Das aus dem gemeingermanischen Sprachraum stammende Adverb mittelhochdeutsch *wol(e)*, althochdeutsch *wola, wela*, niederländisch *wel*, englisch *well*, schwedisch *väl* (vergleiche hierzu gotisch *waila* »wohl«) gehört zur indogermanischen Wurzel um *wollen*. Es bedeutet also eigentlich »nach Wunsch, erwünscht«. Seit dem 15. Jahrhundert ist substantiviert die Form **Wohl** »Wohlergehen, guter, glücklicher Zustand« üblich. ♦ Zusammensetzungen: **wohlauf** »gesund, munter; los, wohlan« (17. Jahrhundert); **wohlhabend** »reich begütert« (14. Jahrhundert; zu mittelhochdeutsch *wol haben* »sich wohl befinden«); **Wohlstand** »gute Vermögensverhältnisse, hoher Lebensstandard« (16. Jahrhundert); **Wohltat** »gute Handlung

zum Wohle eines anderen; Annehmlichkeit, Erleichterung«;
Wohlwollen »freundliche Gesinnung« (16. Jahrhundert; eine
Lehnübersetzung von lateinisch *benevolentia*).

wund ....

Das aus dem gemeingermanischen Sprachraum stammende
Wort mittelhochdeutsch, althochdeutsch *wunt*, gotisch *wunds*,
niederländisch *wond*, altenglisch *wund* beruht vermutlich auf
einer Partizipialbildung zur indogermanischen Verbalwurzel
$\u$en- »schlagen, verletzen«. Die ursprüngliche Bedeutung des
Adjektivs ist »geschlagen, verletzt«. Das gemeingermanische
Substantiv **Wunde** (mittelhochdeutsch *wunde*, althochdeutsch
wunta, niederländisch *wond*, englisch *wound*, altisländisch *und*)
ist wohl eine selbstständige Bildung zu der oben genannten
indogermanischen Wurzel und bedeutet eigentlich »Schlag,
Verletzung«.

Yoga

Die Bezeichnung der indischen Lehre von der Selbsterlösung durch völlige Beherrschung des Körpers und Befreiung des Geistes ist aus altindisch *yōga-* entlehnt. Das altindische Wort bedeutet zunächst »Anschirrung, Unternehmung« und gehört zu altindisch *yugám* »Joch«, das mit den gleichbedeutenden Wörtern lateinisch *iugum* und griechisch *zygón* urverwandt ist.

Zahn ....

Das gemeingermanische Substantiv mittelhochdeutsch *zant*, *zan*, althochdeutsch *zand*, *zan*, niederländisch *tand*, englisch *tooth*, schwedisch *tand* geht auf das indogermanische Wort **dont-* »Zahn« zurück, das eine Partizipialbildung zu der indogermanischen Wurzel **ed-* »kauen, essen« ist. Vergleiche zum Beispiel aus anderen indogermanischen Sprachen griechisch *odőn* »Zahn«, lateinisch *dens* »Zahn« und litauisch *dantìs*. Das Wort bedeutet demnach eigentlich »der Kauende«.

> ### Zahn ❡ jemandem auf den Zahn fühlen
> »jemanden ausforschen, überprüfen« ♦ Der Zahnarzt versuchte früher an der Reaktion des Patienten zu erkennen, welcher Zahn der kranke war, indem er mit den Fingern die infrage kommenden Zähne beklopfte oder befühlte. Hierauf geht die vorliegende Wendung zurück.

Zapfen

Das gemeingermanische Substantiv mittelhochdeutsch *zapfe*, althochdeutsch *zapfo*, niederländisch *tap*, englisch *tap*, isländisch *tappi* (ähnlich schwedisch *tapp*) bezeichnet einen spitzen Holzpflock, der ein Loch verschließt und herausgezogen werden kann. Es ist verwandt mit den Substantiven *Zipfel* und *Zopf*. Nach ihrer länglich spitzen Gestalt sind Gebilde wie zum Beispiel der **Eiszapfen** (16. Jahrhundert) sowie der **Tannenzapfen** (15. Jahrhundert) bezeichnet. ♦ Ableitungen: **Zäpfchen** (18. Jahrhundert; älter auch *Zäpflein*, seit dem 16. Jahrhundert in den Bedeutungen »Halszäpfchen« und »Arzneizäpfchen«); **zapfen** »mithilfe eines Zapfens, Hahns herausfließen lassen, einschenken« (mittelhochdeutsch *zapfen*, *zepfen*), dazu **anzapfen** (15. Jahrhundert). ♦ Zusammensetzung: **Zapfenstreich** (17. Jahrhundert; eigentlich »Streich [= Schlag] auf den Zapfen des Fasses, um den Soldaten das Ende des Ausschanks bekannt zu geben«, anschließend die »Begleitmusik dazu«, schließlich »militärisches Abendsignal zur Rückkehr in die Unterkunft«).

Zeh(e)

Das gemeingermanische Substantiv mittelhochdeutsch *zēhe*, althochdeutsch *zēha*, niederländisch *teen*, englisch *toe*, schwedisch *tå* gehört vermutlich zu der indogermanischen Wurzel *deik̑-* »zeigen«. Es bedeutet dann eigentlich »Zeiger« und wäre ursprünglich eine Bezeichnung des Fingers gewesen, die auf die Zehe als »Finger des Fußes« erst übertragen wurde.

Zelle

Das Substantiv wurde in althochdeutscher Zeit aus lateinisch *cella* »Vorratskammer, enger Wohnraum« entlehnt, und zwar in dessen kirchenlateinischer Sonderbedeutung »Wohnraum eines Mönches, Klause«. Es ist zunächst in althochdeutschen Ortsnamen wie *Hupoldes-, Eberhardescella* (nach dem Namen des ersten Bewohners) bezeugt, anschließend auch als selbstständiges Wort: althochdeutsch *zella*, mittelhochdeutsch *zelle* »Kammer, Zelle, kleines Kloster«. Seit dem 14. Jahrhundert bezeichnet *Zelle* auch die Bienenzelle (nach lateinisch *cella*), seit dem 18. Jahrhundert auch die Gefängniszelle. Als biologischer Fachausdruck wird *Zelle* seit der 1. Hälfte des 19. Jahrhunderts gebraucht, nachdem das Pflanzengewebe mit den Bienenzellen schon im 17. Jahrhundert verglichen worden war.

Zunge

Das gemeingermanische Substantiv mittelhochdeutsch *zunge*, althochdeutsch *zunga*, gotisch *tuggō*, englisch *tongue*, schwedisch *tunga* ist zudem verwandt mit lateinisch *lingua* »Zunge« (von lateinisch *lingere* »lecken«, altlateinisch *dingua*). Welche Vorstellung dieser Bezeichnung zugrunde liegt, ist unbekannt.

Zwölffingerdarm

Der medizinische Fachausdruck wurde im 17. Jahrhundert nach gleichbedeutend griechisch *dōdeka-dáktylon* gebildet und bezeichnet das zwölf Fingerbreiten lange »Anfangsstück des menschlichen Dünndarms«. Vergleiche dazu mittellateinisch *intestīnum duodenum* »zwölffacher Darm«, daraus medizinisch *Duodenum* »Zwölffingerdarm«.

© Duden 2021 D C B A

Bibliographisches Institut GmbH,

Mecklenburgische Straße 53, 14197 Berlin

✳

Redaktion Iris Glahn

Herstellung Maike Häßler

Umschlaggestaltung, Layout und Satz Carsten Aermes

Illustrationen Julius Brodkorb

Druck und Bindung L.E.G.O. S.p.A., Vicenza

Printed in Italy

✳

ISBN 978-3-411-74006-2

www.duden.de

PEFC zertifiziert

Dieses Produkt stammt
aus nachhaltig
bewirtschafteten Wäldern
und kontrollierten Quellen

PEFC/18-31-280   www.pefc.de